Die

Währungsfrage in Österreich-Ungarn.

Die Währungsfrage in Österreich-Ungarn

und

ihre wirtschaftliche und politische Bedeutung.

Von

Walther Lotz.

Sonderabdruck aus Schmollers Jahrbuch für Gesetzgebung rc.
Jahrgang XIII, Heft 4.

Leipzig,
Verlag von Duncker & Humblot.
1889.

Das Recht der Ueberſetzung bleibt vorbehalten.

Es ist in Österreich-Ungarn so vieles über die „Valutafrage" geschrieben worden, daß es in letzter Zeit eigentlich zum guten Ton gehörte, nicht mehr über diesen Übelstand zu reden. Man hatte sich darein wie in so manches Mißliche gefunden. Wer es versuchte, von neuem auf die schwere wirtschaftliche und politische Schädigung hinzuweisen, welche durch die österreichischen Währungszustände verursacht wird, der fand bisweilen in industriellen und agrarischen Kreisen gelinden Widerspruch, in wissenschaftlichen und Finanzcirkeln dagegen kühle Zustimmung; doch hatte man den Eindruck vollkommen Entmutigten zu begegnen, und man vermied es deshalb auf Grund stillschweigenden Übereinkommens diese peinliche Thatsache des öffentlichen Lebens zu berühren, zumal da dieselbe des Pikanten völlig entbehrt.

Der bisherige Standpunkt, daß alle Betrachtungen über die Währungsmißstände von lediglich akademischer Bedeutung seien, daß die Regierung zu einer fundamentalen Reform nie die Hand bieten werde, ist jedoch neuerdings nicht mehr haltbar. Der Vertreter des österreichischen Finanzministers hat anfangs April d. J. die bestimmte Zusicherung gegeben, daß gemeinsam mit der ungarischen Regierung Erwägungen über die Valutaherstellung gepflogen würden.

Wie weit sind diese Erwägungen gediehen? Es würde nicht das erste Mal sein, wenn die Frage im Stadium der Erwägungen stecken bliebe. Doch trotzdem es nicht ganz leicht ist, nach Österreich-Ungarns Vergangenheit, in dieser Beziehung Hoffnung zu fassen, so würde es unberechtigt sein, die jüngste amtliche Kundgebung nicht voll zu würdigen.

Vielmehr muß man daraufhin hoffen, daß bei der geplanten Reform die österreichische und die ungarische Regierung nach festem Programm vorgehen und die Widerstände und Hindernisse, welche noch mehr in Klasseninteressen und der Gewohnheit des Beharrens als in sachlichen Schwierigkeiten und der staatlichen Finanzlage begründet sind, diesmal wirklich bewältigen werden. Ist aber die Angelegenheit einmal in ein ernsteres Stadium getreten, dann ist es Pflicht eines jeden, der sich theoretisch oder praktisch etwas mit der österreichischen Valuta beschäftigt hat, die rühmenswerte Absicht der Regierung der öffentlichen Meinung gegenüber warm zu verteidigen und das Seinige dazu beizutragen, um das Publikum zu überzeugen, daß es sich um einen Gegenstand handelt, der nichts geringeres als das Wohl und Wehe Österreich-Ungarns bedeutet und — wie zu zeigen ist — auch Deutschlands politische und wirtschaftliche Interessen auf das lebhafteste mitberührt.

Welche wesentlichen Eigentümlichkeiten hat nun die Währungsfrage in Österreich-Ungarn? Welche Mißstände liegen vor und welche Gesichtspunkte sind bei deren Beseitigung zu berücksichtigen?

———

Der jetzige Zustand ist folgender. Österreich-Ungarns Geld besteht, wenn man die Dinge vom thatsächlichen und nicht bloß vom juristischen Standpunkte aus betrachtet und somit das Geld, welches wirklich umläuft und zur Vermittlung der täglichen Zahlungen dient, ins Auge faßt, nahezu ausschließlich aus Papier. Die Silbergulden, deren Betrag für Ende 1885 auf 150 Millionen[1]) geschätzt wurde, kommen bei größeren Zahlungen des täglichen Lebens nur da zum Vorschein, wo sie einer dem anderen aufnötigen kann, z. B. bei Gehalts-

———

1) Darin sind die Stücke zu ¼ und 2 Gulden inbegriffen. In der Schätzung des Geldvorrats von Österreich-Ungarn stimmen O. Haupt, Histoire monétaire de notre temps, Paris/Berlin 1886, und Ad. Soetbeer, Materialien zur Erläuterung und Beurteilung der wirtschaftlichen Edelmetallverhältnisse und der Währungsfrage, Berlin 1886, wesentlich überein. Letzterer sagt S. 74: „Wird der gesamte Edelmetallvorrat Ende 1885 auf etwa 80 Millionen Gulden in Gold und etwa 150 Millionen Gulden in Silber veranschlagt, neben 48 Millionen Gulden Scheidemünze, 165 Millionen Gulden [ungedeckter] Banknoten und 338 Millionen Gulden Staatspapiergeld, dürfte man vermutlich der Wirklichkeit nahe kommen." Seitdem hat sich jedoch der Silbervorrat der österreichisch-ungarischen Bank bereits auf 154 Millionen Gulden vermehrt. Vgl. S. 7 Anm. 2.

zahlungen an Beamte und bei Zollzahlungen. Soweit dieselben im übrigen nicht vom Privatverkehr überhaupt zurückgewiesen werden, strömen sie in die österreichisch-ungarische Bank zurück, deren Banknoten, insoweit sie gegen Silbergulden ausgegeben werden, somit als eine Art Silbercertifikate sich darstellen. Die Folge ist, daß diejenigen Silbergulden, welche überhaupt kursieren, trotzdem sie rechtlich Zahlungsmittel bis zu jedem Betrage sind, thatsächlich, gleich den silbernen und kupfernen Teil- und Scheidemünzen, nur dem kleinsten Kleinverkehr dienen.

Im Großverkehr kommt ferner neben den Papierzahlungen in gewissen Fällen Zahlung in Goldstücken, hie und da in Dukaten, häufiger in Napoleondors oder deren österreichischer Nachahmung, den sogenannten Achtguldenstücken, vor.

Ein verhältnismäßig kleiner Teil der Zahlungen endlich wird durch Checks oder Kompensation mittelst Abrechnung beglichen [1]).

Mustert man, nachdem die thatsächlichen Mittel des Zahlungsverkehrs betrachtet wurden, nunmehr die ruhenden Reserven, so setzen sich diese aus dem von Jahr zu Jahr bei der österreichisch-ungarischen Bank bedrohlicher anwachsenden Schatz von Silbergulden, den gleichartig ausgestatteten Beständen einiger Privatbanken sowie zahlreicher Staatskassen zusammen, woneben die Bank sowie verschiedene Kreditinstitute und Devisenhändler in Wien, Triest und Budapest namhafte Reserven in Goldwechseln sowie in Goldstücken, Barren und Marknoten halten, welche sämtlich für den österreichisch-ungarischen Verkehr wichtige Handelswaren sind [2]).

Der thatsächlich vorherrschende Papierumlauf ist nun auch keineswegs einheitlich, sondern mischt sich aus Staatsnoten und Banknoten. Das Publikum ist sich des Unterschiedes jedoch kaum bewußt, insbesondere über die Mangelhaftigkeit der Staatsnoten meist gar nicht unterrichtet. Beide Gattungen haben Zwangsumlauf, beide sind uneinlöslich. Der Unterschied ist nur der, daß die Bank ihre Noten mit Metall einlösen könnte, da sie über hierzu genügende Mittel verfügt,

---

1) Die Zahlung mittelst Check hat sich nur im Postsparkassenverkehr bereits erfreulich entwickelt. Dagegen ist die Entwicklung des Checkverkehrs bei Banquiers und damit auch bei der Wiener Abrechnungsstelle hinter anderen Ländern sehr zurückgeblieben.

2) Ende 1888 betrug der Silberschatz der österreichisch-ungarischen Bank nahezu 154 Millionen Gulden, während 59 Millionen in Gold und ungefähr 20 Millionen in Goldwechseln angelegt waren.

während der Staat gegenwärtig keine Fonds hat, seine Noten einzulösen und somit auch gar keine Sympathie dafür empfindet, daß die Bank ihre Noten einlöst und dadurch dieselben wertvoller als die Staatsnoten erscheinen läßt.

Die Banknoten sind bankmäßig emittiert, zu mindestens 2/5 in Metall oder Golddevisen, im übrigen in guten und bankmäßigen Handelspapieren gedeckt[1]). Hierzu tritt noch neuerdings — in Nachahmung des deutschen Bankgesetzes vom 14. 3. 1875 — die Bestimmung, daß ein metallisch ungedeckter Banknotenumlauf über 200 Millionen Gulden für die Überschußsumme während der Dauer der Überschreitung mit jährlich 5% zu versteuern ist.

Vergleichen wir hiermit die Staatsnoten, zu deren Annahme die Bank wie jedermann verpflichtet ist. Dieselben haben die übliche Eigenschaft, daß sie bei den Staatskassen in Zahlung genommen werden, ohne daß gerade ein Zwang zu dieser Zahlungsart ausgeübt wird. Sie umfassen die Abschnitte von 1, 5 und 50 Gulden, während die Banknoten auf 10, 100 und 1000 Gulden lauten. Die Staatsnoten stammen aus dem Jahre 1866[2]) und sind eine der verhängnisvollsten Schöpfungen des Ministeriums Belcredi gewesen. Die dauernd gültige Regelung des Staatsnotenumlaufes erfolgte durch das Gesetz vom 24. Dezember 1867, sowie durch Gesetz vom 1. Juli 1868 Art. II. Seitdem gilt folgendes Prinzip: Die Ziffer des Staatsnotenumlaufs ist keine feste, sondern innerhalb bestimmter Grenzen wechselnd, nämlich nicht über 412 und nicht unter 312 Millionen Gulden. Über die 312 Millionen hinaus, welche allein einen festen Bestandteil des Umlaufs bilden, soll der Finanzminister nur soweit bis zum gesamten zulässigen Betrag unverzinsliche Noten emittieren, als ein Bedürfnis des Geldmarktes vorliegt. Andernfalls soll an Stelle dieser 100 Millionen unverzinslicher Noten die Geldbeschaffung durch verzinsliche Schatzanweisungen treten. Dieses Alternieren von verzinslicher und unverzinslicher Schuld — ein schon im amerikanischen Bürgerkrieg versuchtes Experiment — ist als Finanzmittel im Notfall nicht unbequem und unzweckmäßig, auf die Dauer beibehalten aber nicht zu billigen. Die österreichischen Finanzminister haben wohl auch deshalb — anerkennens-

---

1) Der Banknotenumlauf vom 31. Dez. 1888 betrug 425673720 Gulden, wovon — der Auffassung des österr.-ungarischen Gesetzgebers zufolge — 55% metallisch gedeckt waren.

2) Daß es früher schon in Österreich Staatspapiergeld gegeben hat, ist nur von historischem Interesse.

werterweise — bisher den unverzinslichen Notenkredit zwischen 312 und 412 Millionen nur mit Zurückhaltung ausgenutzt.

Mag nun das eben geschilderte, aus Banknoten und Staatsnoten gemischte Papiergeld Österreich-Ungarns auch immerhin ziemlich wenig rationell fundiert sein, so lebt der Alltagsmensch in Friedenszeiten gleichwohl noch ziemlich leidlich unter diesem Zustand, und die Mehrzahl des Publikums, welche keinen auffälligen und plötzlichen Schaden davon verspürte, hat sich in die Verhältnisse ziemlich hineingefunden. Dafür mußte der ernstere Beobachter leider von Jahr zu Jahr mehr wahrnehmen, wie der schwerkranke Zustand der Währung am Wohlstande des österreichisch-ungarischen Wirtschaftsorganismus zehrt.

Österreich-Ungarn hat bekanntlich ein tragisches Mißgeschick in seinen wiederholten Bestrebungen zur Besserung der Währungsverhältnisse gehabt. Nachdem 1858/59 alles vorbereitet war und bereits mit Aufnahme der Barzahlungen begonnen werden konnte, brach der italienische Krieg aus, der die Finanzen von neuem zerrüttete. Als im nächsten Jahrzehnt dank den Vorbereitungen, die unter dem Minister von Plener getroffen worden waren, wiederum an Beseitigung der Papierwirtschaft gedacht werden konnte, durchkreuzte der Krieg von 1866 den Plan. Doch das Ziel der Minister Bruck und Plener, dem Papiergulden gleichen Kurs mit dem Silbergulden zu verschaffen, schien endlich Ende der siebziger Jahre wieder erreicht. Inzwischen war aber Österreich-Ungarn von einem neuen anders gearteten Mißgeschick überrascht worden: als endlich der Papiergulden den Kurs des Silberguldens erreichte, hatte inzwischen das Silber selbst und damit der Preis des Silberguldens begonnen am Weltmarkte zu sinken, und zwar allmählich und fast unmerklich, aber ohne daß seitdem eine dauernd aufsteigende Bewegung dem Sinken des Silberpreises Einhalt gethan hätte. Österreichs Silbervorrat war stets zu gering gewesen, um die Papierwirtschaft entbehrlich zu machen, hat aber hingereicht, das Land in Mitleidenschaft mit den Staaten zu ziehen, die gleichfalls versäumt haben, rechtzeitig zur Goldwährung oder hinkenden Währung überzugehen.

Abgesehen von China haben nur zwei große Handelsgebiete der alten Welt gleich schwer wie Österreich-Ungarn an den Folgen der Silberentwertung direkt oder indirekt zu leiden, nämlich Indien und Rußland. Vergleicht man die nur in dieser Beziehung übereinstimmenden Währungszustände dieser drei Länder, so möchte man glauben, die Geschichte als treueste Lehrmeisterin der Politik habe drei Schulbeispiele zur Verwarnung der Menschen aufstellen wollen, indem sie alle logisch denkbaren Spielarten einer Krankheitsform nebeneinander entwickelt[1]).

Bei oberflächlicher Betrachtung könnte es scheinen, als ob Österreich=Ungarn von den drei erwähnten Staaten am gelindesten davongekommen sei, da das Goldagio in Österreich=Ungarn regelmäßig nur zwischen 15 und 25 % schwankt, in den beiden anderen Ländern dagegen bedeutend höher ist. Bei aufmerksamerer Beobachtung aber zeigt sich, daß die in der österreichischen Valuta hervortretende Krankheitsform, weil schleichend, nur um so gefährlicher ist.

Indien hat als Währungseinheit die Silberrupie, die 1870 etwa 1,92 Mark wert war und heute den Wert von 1,33 Mark repräsentiert[2]). Die Produzenten und Exporteure indischen Getreides haben ihren Vorteil aus dieser Verschlechterung der Valuta gezogen, die Finanzen Indiens und der Einfuhrhandel haben die vollen Verluste ausgekostet, aber Indien hat die Sicherheit, daß den Kursschwankungen seiner Valuta doch wenigstens Grenzen nach oben und unten gesteckt sind, daß die indische Valuta bei fortdauernder freier Silberprägung zwar nicht wesentlich höher stehen, aber auch im Kriegsfall oder bei ungünstiger Zahlungsbilanz nicht tiefer sinken kann als der Kurs des Silbers zuzüglich bezw. abzüglich der Prägungs= und Transportkosten von London nach Calcutta.

Rußland hat dagegen zur Zeit drei Werteinheiten: Rubel Gold, die im Weltmarkt sich gleichwertig mit der entsprechenden Gewichtseinheit von Goldmünzen anderer Länder, aber nicht im Inlande als übliches Zahlungsmittel erhalten haben, ferner Silberrubel, die den ganzen Preisfall wie die Rupie mitgemacht haben, je nach dem Silberkurs schwanken und jetzt ungefähr 2,24 Mark wert sind, endlich die als übliches Zahlungsmittel dienenden Papierrubel, die unterhalb des Wertes der Silberrubel oscillieren und ohne untere Grenze fallen können, sich März vorigen Jahres noch mit 1,63 Mark bewerteten und Anfang Juli 1889 ungefähr 2,08 standen.

Wäre nun Österreich=Ungarn in der Lage Indiens gewesen, d. h. hätte der Silberbestand wirklich die Cirkulation ausgemacht und fortgesetzt freie Silberprägung bestanden, so betrüge allerdings gegenwärtig

---

1) Von den z. B. in Argentiniens Papierwährung und in Rumäniens bisher silberübersättigter Doppelwährung sich außerdem darstellenden Krankheitstypen wird hier absichtlich abgesehen.

2) Dieser Berechnung sind die Silbernotierungen von $60^{13}/_{16}$ — dieser Preis entsprach der Relation 1 : $15^1/_2$ — und 42 d. zu Grunde gelegt.

das Goldagio mehr als 46 %, der Kurs des österreichischen Guldens in Berlin betrüge statt 1,70 ungefähr 1,38 Mark, der Preis der Reichsmark in Wien ungefähr 72,5 Kreuzer[1]). Eine bedeutend intensivere Preisrevolution hätte sich vollzogen, aber die Übelstände würden jedermann offenbarliegen, während man jetzt in Österreich die Thatsache, daß die Papiergulden zwar gegen Goldgulden entwertet sind, dagegen augenblicklich mehr als der Silberwert eines Silberguldens gelten, mit dem Ausdruck „Agio der Noten gegen Silber" nur von der liebenswürdigen Seite nimmt. Demgegenüber muß immer wiederholt werden, daß Österreich-Ungarn gar keine Gewähr dafür besitzt, daß der Kurs seiner Noten im Kriegsfall bloß bis 1,38 Mark, d. h. bis zum Metallwert eines Silberguldens sinkt, sondern daß dann die Valuta vor einem Abgrund steht, dessen Tiefe überhaupt nicht zu ermessen ist.

Vergleicht man Österreich mit Rußland, so ergiebt sich ein wesentlich besseres Resultat für Österreich, das sich kurz folgendermaßen zusammenfassen läßt. Der russische Papierrubel trägt die gesamte Silberentwertung und außerdem noch ein Disagio gegen Silber, der österreichische Papiergulden ist von der Silberentwertung noch nicht voll beeinflußt und erleidet bloß ein Disagio gegen Gold.

Woran liegt es nun, daß der österreichische Papiergulden, der uneinlöslich, also immerhin schlechter als ein reines Silbercertifikat ist, dennoch auf dem Weltmarkte sich höher als ein solches bewertet?

Die Beantwortung dieser Frage ergiebt sich aus der österreichischen Währungsgeschichte der letzten 20 Jahre.

Als 1870/71 noch auf dem Weltmarkte das Silber gemäß der alten Wertrelation 1 : 15½ seinen Preis behauptete, herrschte in Österreich noch ein Disagio der Noten gegen Silber, gegen das Währungsmetall, von durchschnittlich 20 bis 22 %.

Dieses Disagio der Noten gegen Silber schrumpfte seit 1872 immer mehr zusammen und betrug 1875 im Jahresdurchschnitt 3,40 %. Im Jahre 1878 war dasselbe bereits fast vollständig geschwunden. Trotzdem aber erreichte am Weltmarkte die österreichische Währung keineswegs den Kurs 100 Gulden = 200 Mark, was einem Wiener Markkurse von 50 Kreuzern entsprochen haben würde. Vielmehr stand der österreichische Notenkurs in Berlin selbst in besonders günstigen Momenten, wie April 1875, nur wenig über 1,84.

Die Silberentwertung am europäischen Markte hatte inzwischen begonnen, und als 1876 zuerst ein Tiefpunkt des Silberkurses mit

---

1) Wieder mit Zugrundelegung des Silberkurses 42 d.

46³/₄ d. erreicht wurde, sank auch der österreichische Gulden jäh und erholte sich Ende 1876 kaum bis zum Kurse von 1,62 Mark, der einem Wiener Marktkurse von ungefähr 61,70 entspricht.

Noch stritt man in Österreich, ob an dem ungünstigen Stand der Währung der Fall des Silbers mit schuld sei oder nicht, da trat eine neue Wendung ein.

Der Silberpreis erholte sich ein wenig bis 1880, um von da ab bis zur Gegenwart langsam weiterzufallen. Der österreichische Papiergulden erreichte in Wien 1879 nicht nur den Kurs des Silberguldens, sondern der Silbergulden erlitt sogar ein kleines Disagio[1]). Jetzt begannen die goldenen Tage für die Arbitrageure. Österreichische Banquiers kauften Silber vom Auslande, um dasselbe in Gulden zu vermünzen. Die so erhaltenen Silbergulden suchte man dann durch Einführung in den Umlauf oder Einlieferung in die Bank in die begehrenswerten Papiergulden umzusetzen. Die Silbereinfuhr nahm bedeutende Dimensionen an, und es unterlag keinem Zweifel, daß bei fortgesetzter freier Silberprägung dieses Verfahren solange lohnend bleiben würde, als der Kurs der österreichischen Währung unter dem Metallwert des Silberguldens sich erhalten würde, bezw. damit enden könnte, daß auch der österreichische Gulden gleich der Rupie bis zum Kurse seines Metallwerts sinken werde. Die Regierung suchte hiergegen einzuschreiten, indem sie die Silberprägungen für private Rechnung einstellte. Seitdem erlahmte der Handel in Silbergulden an der Wiener Börse, und mit dem Schwinden der Umsätze unterblieb auch die Kursnotiz. Würde heute in Österreich-Ungarn der Preis des Silbers — und zwar nach dem Gewicht — an der Börse notiert, so würde sich im Jahre 1888 — wie mit Hülfe der Londoner Kurse leicht auszurechnen ist — ergeben haben, daß oft für weniger als 84 Papiergulden der Silberbetrag zu kaufen war, welcher zur Ausmünzung von 100 Silbergulden erforderlich ist, daß also ohne Einstellung der Privatsilberprägung die Arbitrage hier höchst verlockende Aussichten haben würde.

Die Regierung selbst hat der Versuchung, aus den anomalen Münzzuständen durch Silberprägungen Vorteil zu ziehen, wovon sie andere fernhält, nicht völlig widerstehen können und prägt noch immer jährlich einige Millionen Gulden, vornehmlich aus den Erträgnissen der

---

1) Die Angaben des Silberagios bis 1878 sind der Tabelle bei Kramář, Das Papiergeld in Österreich seit 1878, Leipzig 1886, sowie dem vortrefflichen Werk von Gustav Leonhardt, Die Verwaltung der österreichisch-ungarischen Bank 1878—1885, Wien 1886, entnommen.

einheimischen Bergwerke, ein Vorgehen, welches außer in Österreich=
Ungarn fast nirgends und auch dort nur sehr vereinzelt Zustimmung findet.

Die Einstellung der Privatsilberprägung ohne gleichzeitige Ver=
mehrung des Papier= oder Goldumlaufes hat jedoch trotzdem den Erfolg
gehabt, der österreichischen Währung den Nachwuchs vorläufig zu ver=
ringern. So erklärt es sich, daß gegenwärtig ähnlich wie in Deutsch=
land der Thaler, in Frankreich das Fünffrankenstück vom Golde, so
hier der Kurs des Silberguldens vom Papiergulden — der eigentlichen
Währungseinheit — mit durchgeschleppt wird.

Wiewohl sich aber Silber= und Papiergulden gleichwertig und
zwar bedeutend über dem Silberwerte erhalten haben, so hat der öster=
reichische Kurs auf dem Weltmarkte überhaupt konform dem Sinken
des Silbers vom 30. Juni 1879 bis Ende 1886 (Berliner Kurse 175
bezw. 161$^{1}/_{2}$) um 7,7 % sich ebenfalls verschlechtert. Seitdem ist neuer=
dings infolge besonders glücklicher politischer und wirtschaftlicher Mo=
mente seit Mitte 1888 wieder eine namhafte Besserung des Gulden=
kurses ohne vorheriges oder gleichzeitiges Steigen des Silberpreises
eingetreten. Es bleibt indes abzuwarten, ob diese Erscheinung nicht
nur ein Aufflackern war.

Das Resultat dieser Entwicklung hatte sich für die verschiedenen
Klassen von Interessenten in Österreich=Ungarn bis zu Eintritt der
jüngsten Valutabesserung seit Mitte 1888 sehr verschieden gestellt.

Ein Teil des Grundbesitzes und der Großindustrie einschließlich
des Bergbaues hatte unzweifelhaft bei der Valutaverschlechterung seinen
Vorteil gefunden, und es würde der Wahrheit schlecht gedient sein,
wollte man dasjenige, was an der Argumentation dieser Gesellschafts=
schichten richtig ist, irgendwie ableugnen. Zunächst ist unzweifelhaft die
Einfuhr aller Waren aus den Goldländern schon seit 1875 in derselben
Weise erschwert worden, wie wenn ein Zuschlagszoll auf sämtliche ein=
geführte Waren um den Betrag des zunehmenden Goldagios geschaffen
worden wäre, da z. B. der deutsche Fabrikant, wenn er für dieselbe
Ware nur ebensoviel Gulden vom Werte 1,60 als einst vom Werte
1,80 Mark erhielt, nicht auf seine Kosten kommen konnte. Soweit
infolge dieser Einfuhrerschwerung im Inlande ein Preisaufschlag statt=
gefunden hatte, kam dieser dem verkaufenden Produzenten natürlich
eine Zeit lang zu gute.

Diese Einfuhrerschwerung für alle Waren um den Betrag des
Goldagios würde in Österreich=Ungarn auch eingetreten sein, wenn bei
Eintritt der vermehrten Valutaentwertung dies Land unter dem System
absoluter Handelsfreiheit gestanden hätte. Da dies aber keineswegs

der Fall war, vielmehr während der Valutaverschlechterung die ohnehin bestehenden Zölle mehrfach erhöht und in Gold zahlbar gestellt[1]) wurden, so mußte jede weitere Steigerung des Goldagios den Zollschutz vermehren.

Dieser doppelte Schutzzoll durch die Valuta konnte natürlich von den oben erwähnten Produzentenklassen nur solange ausgenutzt werden, als sich die preisverteuernde Wirkung auf den Zwischenhandel und einzelne Artikel des Kleinhandels beschränkte und nicht die Anschaffung von Maschinen, Material und Halbfabrikaten zu erhöhten Preisen aus dem Auslande die Erzeugungskosten verteuerte. Insbesondere aber solange es gelang die Arbeitslöhne niedrig zu halten, erwuchs z. B. dem Holz-, Getreide- oder Viehproduzenten, falls er in ein Goldwährungsland exportierte, aus jeder Verschlechterung der heimischen Valuta vorübergehend ein Gewinn, weil er die erhaltenen Goldsummen mit um so größerem Aufgeld in Gulden umsetzte. In anderen Fällen wiederum, wo — wie in vielen Teilen Ungarns und Galiziens — noch Naturaldeputat und Naturallöhnung vorherrscht, kam eine Verteuerung der Arbeit, überhaupt der Produktionskosten, dem Landwirt nicht rechnerisch zum Bewußtsein, während er den in schlechterer Valuta erzielten größeren Bargewinn sehr deutlich wahrnahm.

Nach all dem erscheint es ja wohl begreiflich, daß vor allem die ungarischen Getreideproduzenten und ein großer Teil der cisleithanischen Industriellen jede weitere Verschlechterung der Valuta mit unverhohlener Freude begrüßen. Derjenige aber, der nicht von diesem Sonderinteresse, sondern von dem des nationalen Gemeinwohles die Frage betrachtet, wird zunächst darüber Rechenschaft fordern, ob wirklich der Schutzzoll bezw. die Ausfuhrprämie, welche die Verschlechterung der österreichisch-ungarischen Valuta den Großindustriellen und Großgrundbesitzern gewährt hat, diesen Produktionszweigen ein Sporn war, bei frischem Emporblühen sich neue Absatzgebiete zu erschließen, technische Verbesserungen einzuführen, frühere Schulden abzuzahlen und den österreichischen Einfluß inmitten des europäischen Wirtschaftslebens zu entwickeln.

Solche Erfolge sind allerdings unter Herrschaft der Papierwährung in rasch emporblühenden Kolonialländern, vor allem in

---

1) Die österreichischen Zölle brauchen zwar nicht thatsächlich mit Goldgulden bezahlt zu werden, allein soweit Zahlung in Silber zulässig ist, muß das Goldagio je nach dem Kurs vergütet werden, so daß sachlich die Wirkung die gleiche ist, wie wenn wirklich die Zölle nur in Goldgulden entrichtet würden.

den Vereinigten Staaten, errungen worden. Ohne Zweifel sind auch in Österreich-Ungarn in einzelnen Fällen in letzter Zeit von der Produktion bedeutende Fortschritte gemacht worden. Daß aber unter dem Schutze der Valutaverschlechterung der letzten Jahre die österreichisch-ungarische Industrie und Landwirtschaft einen besonders erheblichen Vorsprung gewonnen hätte, ist weder bisher überzeugend nachgewiesen noch auch ernstlich behauptet worden. Es giebt sogar Kenner, welche annehmen, daß in vielen Zweigen des österreichisch-ungarischen Wirtschaftslebens der konkurrenzsichernde Schutz durch die Währungsverhältnisse weit mehr einem behaglichen Zurückbleiben in der bisherigen Produktionsweise als einem rüstigen Weiterstreben förderlich gewesen sei.

Bisher wurde in der Betrachtung eine nicht verschuldete Produktion vorausgesetzt. Für den Grundbesitz kommt aber in Betracht, daß hier Goldschulden keineswegs selten vorkommen — man denke nur an die Goldhypotheken der Boden-Kreditanstalt —; ferner ist bei industriellen Aktiengesellschaften zu beachten, daß hier sehr häufig ein in Gold eingezahltes Kapital aus dem Guldenerträgnis in Gold zu verzinsen ist. In all diesen Fällen wurde vom Schuldner die Valutaentwertung als eine vermehrte Belastung empfunden, wie dies ja in erhöhtem Maße bekanntlich von denjenigen Transportunternehmungen gilt, die — wie die Staatsbahn und Südbahn — große Summen an Prioritäten in Gold schulden.

Sieht man jedoch von diesen Fällen ab, wo die Valutaverschlechterung sogar eine direkte Erschwerung für den Unternehmer mit sich brachte, so wird allerdings bei der Reform der Gesichtspunkt als überaus wichtig ins Auge gefaßt werden müssen, daß der Zollschutz, den der schlechtere Valutakurs mit sich bringt, keineswegs plötzlich wegfallen darf, daß man die Valuta nicht in den früheren Stand wiedereinsetzen, sondern nur nach der zuletzt üblichen Wertrelation zwischen Papiergulden und Goldgulden einlösen darf.

Wie befindet sich nun der nicht in natura gelohnte Arbeiter der österreichischen und ungarischen Landwirtschaft und Großindustrie unter dem jetzigen Währungssysteme? In dieser Hinsicht urteilt man häufig zu schnell, wenn man als allgemeines Gesetz aufstellt, daß die Valutaverschlechterung stets vornehmlich den Arbeiter als den wirtschaftlich schwächeren Teil treffe.

Allerdings steigen in Papierwährungsländern erfahrungsgemäß sehr selten die Löhne mit derselben Schnelligkeit, wie die Kosten der Lebenshaltung sich verteuern. Doch sind trotzdem die Arbeiter da, wo sie organisiert waren und ihren Vorteil energisch wahrzunehmen wußten, keineswegs überall Gegner des uneinlöslichen Papiergelds gewesen. Man denke nur an jene amerikanische Arbeiterpartei[1]), die mit Leidenschaft die Losung „Unser Gott, unser Vaterland, unser Papiergeld" vertrat, weil sie unter dem Schutze der Papierwirtschaft ein rascheres Aufblühen der nationalen Produktion und damit vermehrte Arbeitsgelegenheit sich versprach. Erwägt man dies, so zeigt allerdings gerade ein Vergleich der jüngsten wirtschaftlichen Vergangenheit Österreich-Ungarns mit dem damaligen Aufschwunge der nordamerikanischen Freistaaten nur zu deutlich, worin der wesentliche Unterschied liegt. Erkennt man an, daß in Österreich-Ungarn weder eine rapide Steigerung der Produktion stattgefunden hat noch auch die Arbeiter in der Lage waren, in zweckbewußter Vereinsorganisation sich den schädigenden Einwirkungen der Valutaverschlechterung durch maßvollen Lohnkampf zu entziehen[2]), so kommt man zu dem Resultat, daß im schroffsten Widerspruch zur neueren Socialpolitik hier der Staat durch eine kranke Währung zur Verschlechterung der Lage der untersten Klassen gleichzeitig mehr selbst beiträgt, als er durch Krankenkassen und Unfallversicherung je zu ihrer Hebung thun konnte.

Bisher wurde betrachtet, wie sich die Interessen der Unternehmer und andrerseits der Arbeiter im Bergbau, landwirtschaftlichen Großbetrieb und der Großindustrie zur Valutafrage verhalten. Geht man nun weiter zum kleineren Landwirt und zum Bauer, soweit er nicht überschuldet ist, oder zum Handwerker, so läßt sich absolut nicht absehen, weshalb diese Klassen eine weitere Verschlechterung der Valuta herbeiwünschen könnten.

Eine eingehendere Betrachtung ist dagegen nötig, um die Frage zu beantworten, wie sich der Kaufmannsstand und vor allem der Ausfuhr- und Einfuhrhandel Österreich-Ungarns unter den jetzigen Währungsverhältnissen befindet. Bei dieser Gelegenheit soll zugleich die Lage der Börse und der rentenbeziehenden Kapitalisten berührt werden.

Man muß hier unterscheiden.

Was zunächst die bis Mitte 1888 eingetretene **Verschlechterung** der Valuta anbetrifft, so hat der Handel deren Wirkungen ebenso nach-

---

1) Vgl. Sartorius von Waltershausen, Die nordamerikanischen Gewerkschaften u. s. w. Berlin 1886. S. 37. 49.

2) Ob nach den jüngsten Arbeitseinstellungen diese Ansicht zu modifizieren ist, bleibt abzuwarten. Indes scheint es, als ob ein Vergleich der Lohnkämpfe in Österreich-Ungarn mit denen anderer Länder nicht zu Gunsten Österreichs ausfallen dürfte.

drücklich zu empfinden gehabt wie alle anderen Erwerbsschichten; eine Deckung hiergegen ist der großen Masse der Kaufleute nicht möglich. Wenn die österreichisch-ungarische Bank sich eine gewisse Deckung dadurch verschafft, daß sie fortgesetzt ihren bedeutenden Bestand an Gold und Golddevisen nicht zum Tageskurse, sondern zum Nennwerte in die Bilanz einstellt, so kann dies anerkennenswerte Beispiel doch von der großen Masse, die dem Drucke der Thatsachen in ihren Berechnungsansätzen sich fügen muß, nicht nachgeahmt werden.

Wie kommt es nun aber, so wird man nach dem Bisherigen fragen, daß nicht durch die Schutzmauer, welche — wie oben geschildert — die Währungsverhältnisse um Österreich-Ungarn während der Valutaverschlechterung 1875 bis 1888 aufrichteten, die Einfuhr überhaupt unmöglich wurde? Wie kommt es, daß noch ein auswärtiger Handel existiert, der zwar nicht in der letzten Zeit besonders lebhaft emporgeblüht ist, aber doch auch nicht zu Grunde gegangen ist?

Die Erklärung ergiebt sich aus demselben Gedankengang, den englische Nationalökonomen gegenüber der ebenfalls auffallenden Thatsache geltend gemacht haben, daß trotz des verschlechterten indischen Wechselkurses die Einfuhr aus Großbritannien nach Indien nicht unmöglich wurde.

Es ist nämlich die Zeit der letzten österreichischen Valutaverschlechterung bis 1888 zusammengefallen mit der Epoche, in welcher auf dem Weltmarkt, d. h. in den Goldwährungsländern, jenes vielbesprochene erst seit Herbst 1888 zu einigem Stillstand gelangte Sinken der Preise der wichtigsten Stapelartikel sich vollzog. Infolgedessen hatte der deutsche, französische, englische Kaufmann nicht nötig, bei Verschlechterung der österreichisch-ungarischen Valuta von seinen Abnehmern einen höheren Preis in Papiergulden zu fordern, sondern er konnte sich bei Importartikeln in dem währungspolitisch isolierten Lande vielfach mit dem alten Preise begnügen, ja sogar diesen unter Umständen noch etwas herabsetzen.

Sieht man aber ab von der Wirkung des oben betrachteten Umstandes, daß die österreichisch-ungarische Valuta auf dem Weltmarkte dauernd 15% bis 20% unter der Parität des Silberguldens von 1871 steht, so ergiebt sich — selbst in Friedenszeiten wahrnehmbar — **ein weiteres Hemmnis** für den auswärtigen Handel mit Österreich-Ungarn aus den Schwankungen des Wechselkurses zwischen diesem Lande und den Gebieten der Goldwährung.

Es ist bekannt, daß zwischen Ländern mit Goldwährung und goldgesättigter hinkender Währung Schwankungen der Wechselkurse, die erheblich mehr als die Kosten des Goldtransportes betragen, nicht vorkommen können, wenn freies Privatprägerecht und die Möglichkeit, von der Centralbank oder am Markte Gold zu kaufen, gegeben ist. Die Schwankungen des Wechselkurses z. B. zwischen Berlin und London können schlechterdings nicht mehr als ungefähr $1/2\%$ über oder unter 20,43 betragen. Anders ist dagegen Österreich-Ungarn im Verkehre mit den übrigen Nationen gestellt, da Schwankungen um 5% bis 6% innerhalb Jahresfrist hier selbst in politisch ruhigen Zeiten keineswegs seltene Vorkommnisse sind.

Nur wenig Unternehmungen in einem feiner organisierten Wirtschaftsganzen werfen soviel Gewinn ab, daß man, ohne sich zu decken, solch ein Risiko mit in Kauf nehmen kann. In den meisten Fällen ist es dem deutschen Verkäufer nicht möglich zu bestehen, wenn er nicht im voraus weiß, ob ihm die 10000 Gulden, die er beim Verkaufe erzielt, bei Verfall 17000 oder nur 16000 Mark bringen werden. Umgekehrt kann z. B. der ungarische Getreidehändler bei einer Lieferung nach Paris, die ihm 10000 Franken einbringen soll, nicht ruhig abwarten, ob er diese vielleicht in 3 Monaten zu zahlende Summe mit 4800 oder 4700 Gulden verwerten wird.

Man stellt sich häufig vor, der auswärtige Handel von und mit Ländern von schwankender Valuta stehe den Veränderungen der Wechselkurse völlig hülflos gegenüber. Diese Ansicht ist indessen irrig. Speciell im Verkehre zwischen Österreich-Ungarn und Deutschland, Frankreich sowie einigen anderen Ländern hat sich ein sinnreiches System von Deckungen herausgebildet, wodurch wenigstens im einzelnen Falle eine Art Versicherung gegen Kursschwankungen, die nach Abschluß eines Kaufvertrages eintreten, bewirkt wird. Die Kenntnis der üblichen Deckungsarten ist notwendige Voraussetzung eines richtigen Urteils über die Lage des Handels unter der schwankenden Valuta.

Die Erfahrung lehrt hier zunächst, daß, soweit es ihre ökonomische Macht zuläßt, diejenigen Deutschen und Franzosen, welche mit Österreich-Ungarn Handel treiben, das Risiko der Kursschwankungen auf den dortigen Kunden abzuwälzen bezw. diesem die Sorge der Deckung zuzuschieben suchen.

Es ist zwar allgemeiner Grundsatz, daß der Österreicher, der an einen Kaufmann in einem Goldwährungslande verkauft, seinen Preis nicht in Gulden, sondern in der Währung des betreffenden Landes, in Mark, Franken oder £sterling bezahlt bekommt und nun seinerseits zusehen kann, wie er sich gegen Kursschwankungen der erhaltenen Devisen schützt. Dagegen vermag der österreichisch-ungarische Käufer keineswegs bei allen deutschen und französischen Lieferanten durchzusetzen, daß diese sich Zahlung in Gulden gefallen lassen, vielmehr ist es speciell gegenüber österreichischen Detaillisten vielfach üblich, auf den Kaufpreis nicht in Gulden, sondern in Mark oder Franken zu trassieren. Diese Wechsel auf Österreich in nichtösterreichischer Währung — vergleichbar den früher nicht selten vorkommenden £sterling-Wechseln auf deutsche Hafenplätze — sind streng genommen eine Anomalie im Geldwesen; nirgends recht heimatberechtigt, sind sie weder in Deutschland noch in Frankreich noch in Österreich-Ungarn selbst börsenfähig; auch erteilen meist die österreichisch-ungarischen Banquiers auf diese Wechsel erst bei Verfall Gutschrift, es sei denn daß sie dem betreffenden Kunden überhaupt ein Mark- oder Frankenconto einräumen und somit ein für allemal das Valutarisiko auf sich genommen haben.

Sieht man von dem immerhin anomalen Falle, daß auf Österreich in fremder Währung trassiert wird, ab, so decken sich der Österreicher, der Zahlung an ein Goldwährungsland zu leisten oder von dort zu empfangen hat, und der Ausländer, der mit Gulden zu thun hat, in analoger Weise, nämlich regelmäßig mit Hülfe des Banquiers oder durch Termingeschäfte im entgegengesetzten Sinn in fremden Wechseln oder Banknoten. Mit dem Ergebnis dieses Deckungsgeschäfts kompensiert sich dann der aus dem Originalgeschäft entspringende Kursverlust oder Kursgewinn.

Ein Beispiel genüge. Ein Pester Haus hat Weizen nach London verkauft für £ 10 000, zahlbar in 3 Monaten, und hat für die Rentabilität des Geschäfts die Annahme zu Grunde gelegt, daß — dem Kurse am Tage des Vertragsabschlusses entsprechend — das £sterling 12 Gulden 20 Kreuzer einbringt. Hier stehen folgende Wege offen:

Hat der ungarische Verkäufer einen börsenfähigen Wechsel auf London in Händen, so kann er dies Papier sofort nach Abschluß des Geschäftes an seinen Banquier oder eventuell direkt an der Börse verkaufen. Von dem Abnehmer, der an seiner Stelle das Kursrisiko nunmehr übernimmt, erhält er diesfalls sofortige Zahlung oder Gutschrift in Gulden, natürlich mit entsprechendem Abzug für Diskont und Maklergebühr.

Ist aber der ungarische Getreidehändler hiezu nicht geneigt, vielleicht weil er kein börsengängiges Papier in Händen hat, vielleicht weil er seine Forderung überhaupt nicht vor Fälligkeit veräußern will, so giebt es ebenfalls Mittel, um sich die Gewißheit zu sichern, daß nach drei Monaten die zu fordernden £ 10 000 nicht weniger und nicht mehr als zum augenblicklichen Tageskurs 122 000 Gulden bringen.

Der Getreideexporteur kann zunächst in drei Monaten lieferbares Papier auf London zum Tageskurs, also für 122 000 Gulden, verkaufen, ein Geschäft, für welches keine besondere Geldanschaffung erforderlich ist, da das Guthaben des Verkäufers in London genau in derselben Frist fällig wird.

Ein anderes Mittel, welches ungefähr im gleichen Sinne dem Exporteur Deckung zu gewähren vermag, besteht darin, daß er — mit Berücksichtigung des Wiener Tageskurses für London und der Parität London-Berlin — in drei Monaten lieferbare Marknoten — ungefähr zu 59,90[1]) — in bianco verkauft. Denn da Marknoten, vom Standpunkte des Österreichers und Ungarn angesehen, in nahezu gleichem Verhältnis wie „London" steigen und fallen, wird das Risiko dadurch ausgeglichen, daß ein etwaiger Verlust an der zu beziehenden Sterling-Zahlung durch den Gewinn an den zu liefernden Marknoten kompensiert wird und umgekehrt.

Indes wenn auch diese Garantieen dem mit allen Feinheiten der Arbitrage vertrauten Großhändler und Banquier zu Gebote stehen, so fehlen dem kleineren Gewerbtreibenden die Kenntnisse und der Kredit für solche Unternehmungen, es gestaltet sich also für diese Klasse der auswärtige Handel infolge der Valutaschwankungen geradezu zu einem Spiele, welches bisweilen unverdienten Gewinn und noch öfter herbe Verluste bringt. Nicht minder bedauerlich ist es aber, daß auch diejenigen, welche nicht der Versuchung erliegen, „in Valuta zu spekulieren", sondern einen der oben beschriebenen Versicherungswege einschlagen, durch die Natur der Verhältnisse zu Zeitgeschäften und einer oft verführerisch innigen Berührung mit der Börse oder zu kostspieligen Umsätzen mit ihrem Banquier gezwungen sind.

Auf der Börse ist es ein eigener Geschäftszweig geworden, diese Deckungsgeschäfte in Marknoten sowie Checks und Wechseln, besonders auf Berlin, London und Paris, zu vermitteln.

Da stehen auf der einen Seite als regelmäßige Abnehmer von „Golddevisen" auf Zeit der österreichische und der ungarische Fiskus, welche ihre Goldrentencoupons decken, ferner die österreichische Südbahn und die Staatsbahngesellschaft, sowie andere Transportunter-

---

1) Bei Berechnung dieser Parität ist vorausgesetzt, daß der Kurs für englische Noten in Berlin auf der metallischen Parität (20,4294) steht, sowie daß der Londoner Banksatz 3% beträgt, mithin auf die Wiener Notierung zur Ermittlung des Notenkurses für zwei Posttage und drei Respekttage 3% p. a. zuzuschlagen sind. Die so ermittelte Wiener Parität für Auszahlung Berlin beträgt 59,74, wozu noch ungefähr 15 Kreuzer „Report" (s. u.), nämlich 5 Kreuzer per Monat, zuzuschlagen sind.

nehmungen, welche bedeutende Goldprioritäten zu verzinsen haben, außerdem der Einfuhrhandel, soweit er nicht in ausländischen Händen liegt.

Auf der anderen Seite als **Abgeber** von Goldwerten kommen vor allem die Exporteure in Betracht.

Zu diesen Faktoren gesellen sich — auf beiden Seiten verstärkend — die Händler in Wertpapieren, vor allem die sogenannten Effektenarbitrageure, welche regelmäßig, wenn österreichische Werte ins Ausland verkauft sind, Golddevisen abgeben, wenn umgekehrt Effekten nach Österreich-Ungarn einströmen, zur Begleichung neue Guthaben in Goldwährungsländern zu erwerben suchen.

Neben diesem Verkehr von Verkäufern und Käufern, welche Zeitgeschäfte in Goldwerten nur zur Deckung legitimer Geschäfte vornehmen, erscheint nun — wie bei fast jeder Gelegenheit, wo das wirtschaftliche Leben lebhafte Preisschwankungen erzeugt — die gewerbsmäßige **Spekulation**.

Die Umsätze in Devisen und Noten bilden das belebendste Element den österreichisch-ungarischen Börsen. Bei weitem die größte Masse von derartigen Zeitgeschäften bezieht sich auf den Verkehr mit Deutschland und wird nicht allein in Wechseln, sondern auch in **Marknoten** abgewickelt, welch letztere als üblichste Deckung im Wiener Devisen- und Valutengeschäfte im dortigen Börsenjargon charakteristischerweise schlechthin „Valuta" heißen.

Da Nachfrage und Angebot in der Ware „Marknoten" sich selbst in politisch ruhigen und wirtschaftlich normalen Zeiten keineswegs in jedem Zeitpunkte des Jahres kompensieren, so ist derjenige, welcher damit handelt, häufig genötigt, auf sein eigenes Risiko Vorräte von Marknoten bezw. Guthaben in deutscher Währung in einem günstigen Jahresabschnitt zu sammeln, um genügend versorgt zu sein, wenn — vielleicht nach wenigen Monaten — ein stärkerer Bedarf eintritt. Ist hiermit schon einige Gefahr verbunden, so wird dieselbe vollends bedenklich für denjenigen Österreicher, der Lieferungsgeschäfte in Rubeln abschließt, da alsdann nicht allein die wechselnde Bewertung der österreichischen Valuta in den Goldländern, sondern außerdem die selbstständigen Veränderungen der russischen Währung in Betracht kommen[1]. Da jedoch dieser Handel in Rubeln, der vor allem den gewerbsmäßigen Spekulanten in Österreich ein willkommenes Objekt bietet, ziffermäßig

---

[1] So kann es vorkommen, daß, wenn Rubel in Berlin steigen, gleichzeitig aber Marknoten in Wien billiger werden, der Rubelkurs in Wien gleichbleibt oder gar umgekehrt wie in Berlin sich bewegt.

nur wenig gegenüber den Umsätzen in Goldwerten, vor allem in Marknoten zu bedeuten hat, so werden nur letztere weitere Betrachtung verdienen, wo es sich handelt, prinzipielle Gesichtspunkte zu gewinnen. Die wichtigste Frage, die hier entsteht, ist, ob der Terminhandel in Marknoten dazu beiträgt, die Schwankungen der Wechselkurse zu mindern.

Man kann dies im allgemeinen bejahen[1]). Doch lassen sich noch immer recht lebhafte Schwankungen erkennen, die in zwei Gattungen zerfallen: erstens die Schwankungen des „Kassa"-Preises von Tag zu Tag und zweitens die Schwankungen zwischen dem Kurs der Kassa-Noten und der Marknoten auf Zeit.

Die Schwankungen des Kassapreises für Marknoten werden, gemäß den bereits gemachten Andeutungen, selbst in Friedenszeiten keineswegs bloß durch die Zahlungsbedürfnisse des auswärtigen Handels, durch die sogenannte Handelsbilanz, beherrscht. Denn obwohl allerdings — wie Herbst 1888 leicht zu beobachten war — bei einem regen Getreide- und Zuckerexport selbstverständlich in Wien das Goldagio und die Golddevisen fallen, im Ausland die österreichischen Banknoten steigen, so giebt es gegenwärtig andere mindestens ebenso einflußreiche Faktoren auf diesem Gebiete. Sogar rein lokale zufällige Ereignisse üben hier bisweilen einige Wirkung. So z. B. fiel in Wien anfangs Dezember 1888 ganz unerwarteterweise der Kassakurs der Franken und Marknoten, weil das Haus Rothschild die für eine große Stiftung empfangene Einzahlung von mehreren Millionen Gold plötzlich in österreichische Gulden umsetzte. Fragt man den Praktiker an der Wiener oder Pester Börse, nach welchem Gesichtspunkt er seine Umsätze in Marknoten auf Zeit im allgemeinen einrichtet, so wird die Antwort ebenfalls nicht in erster Linie den Warenhandel, vielmehr den Effektenverkehr nennen. Dabei betrachten es viele jener Spekulanten, die an den Börsen durch Ausnutzung der kleinen Kursschwankungen von Tag zu Tag ihr Dasein fristen, als eine alte bewährte Regel, daß, wenn die Kurse der ausschlaggebenden Wertpapiere steigen, Marknoten billiger werden und umgekehrt: einmal deshalb, weil bei politischen Verwickelungen die Devisenhändler mit Abgaben zurückhalten und das Ausland Neigung zeigt, sich seines Besitzes an österreichischen Werten zu entledigen, anderseits weil den Arbitrageuren, welche die kleinsten Schwankungen der Effektenkurse noch ausnützen, ein gleichzeitiges

---

1) Im allgemeinen zeigt die Erfahrung, daß die Auseinandersetzungen von O. Michaelis, Volkswirtschaftliche Studien, Berlin 1873, Bd. 2 S. 3 bis 106 in dieser Hinsicht noch immer zutreffen.

Steigen der Kurse österreichischer Papiere in Wien und Berlin zu der Hoffnung Anlaß giebt, daß das Ausland bereitwilliger österreichische Werte kaufen wird, in welcher Erwartung dann die Spekulation für die dergestalt zu machenden Verkäufe bereits im voraus Marknoten abgiebt.

Mit ungleich mehr Scharfsinn als die Nachbeter solch einer halbwahren Routine verfahren die größeren und umsichtigeren Devisenhändler Österreich-Ungarns. Dieselben berücksichtigen mit äußerster Sorgfalt vor allem gewisse regelmäßig wiederkehrende Bedürfnisse nach Goldrimessen, wie die der beiden Regierungen und der Bahnen mit Goldschulden, und anderseits gewisse mit Regelmäßigkeit zu erwartende Abgaben von Goldwerten. Da diese verschiedenen Umsätze zu verschiedenen Fristen des Jahres eintreten und an sich häufig nicht kompensiert werden können, so begründete man zu diesem Zwecke ein kompliziertes System von Prolongationen, welches einigermaßen Überfluß und Mangel an Marknoten auf die verschiedenen Jahreszeiten verteilt und dadurch die Schwankungen zwischen Kassa- und Terminpreis verringert.

Oft durchkreuzen außerordentliche Momente wieder all diese Berechnungen: es entsteht eine politische Panik oder es beteiligt sich das Ausland an einer in Wien aufgelegten Anleihe lebhafter, als vorauszusehen war, oder die Exportsaison für Österreich-Ungarn gestaltet sich durch Mißernten in anderen Ländern glänzender, als erwartet wurde.

Sind dagegen solche Ereignisse bereits lange vor ihrem Eintritt erwartet, so ergiebt sich das Resultat, daß die Börse den Thatsachen vorauseilt. Die volkswirtschaftliche Wirkung hiervon ist lehrreich. Häufig nämlich gehen dem Industriellen und dem Landwirt die Vorteile aus dem Währungszustand dadurch verloren, daß ihm das mobile Kapital den Gewinst vorwegnimmt, ehe er überhaupt zum Verkaufe seiner Produkte kommt.

Ein Beispiel hierfür war der Sommer 1888. Schon Ende Juni gewannen damals aufmerksame Beobachter[1]) des Marktes in Österreich-Ungarn wie in Rußland die Überzeugung, daß bei den ungünstigen Ernteaussichten Großbritanniens, Frankreichs und Deutschlands und bei dem diesmal weniger bedrohlichen Wettbewerb Nordamerikas Österreich und Rußland Gelegenheit zu bedeutenderem Getreideexport finden würden, um so mehr als gleichzeitig eine friedlichere Stimmung in der

---

1) Vgl. Frankfurter Aktionär Nr. 1911 vom 5. Aug. 1888 S. 539.

europäischen Politik nach dem Regierungsantritt Kaiser Wilhelms II eintrat. Hier bot sich allerdings eine Gewinstgelegenheit für die österreichisch-ungarischen Landwirte, wenn sie ihr Getreide in Reichsmark, welche damals 61,5 Kreuzer brachten, oder für die russischen, wenn sie dasselbe in Goldrimessen, die beim damaligen Rubelkurs ein gewaltiges Agio genossen, hätten verwerten können. Aber dieser Gelegenheit, nun wirklich einmal aus der schlechten Valuta beim Export Nutzen zu ziehen, bemächtigte sich nunmehr sofort die Valutaspekulation in jedem der beiden Länder mit kranker Währung, und ehe wirklich nennenswerte Abschlüsse in Getreide stattgefunden hatten, war bereits in Österreich die Reichsmark auf 60 und bald nachher sogar auf 59 gefallen, während das Goldagio in Rußland in noch viel stärkerem Maße wich [1]).

Ohne auf diese volkswirtschaftliche Seite des Terminhandels, die zeigt, daß der Nutzen aus der Valuta durchaus nicht immer von den Produzenten, sondern häufig von beweglicheren und gewandteren Elementen ausgebeutet wird, hier näher einzugehen, gilt es noch einen Blick auf die Technik des Zeitgeschäfts in Marknoten als der bei weitem üblichsten Golddeckung in Wien zu werfen, wobei zu berücksichtigen ist, daß jedesmal die entgegengesetzte Operation in Berlin mit österreichischen Noten stattfindet.

Obwohl in Wien auch Abschlüsse in Marknoten auf 3, 4, ja 6 Monate hinaus vorkommen, genügt es — zur einfacheren Darstellung dieser sehr komplizierten Vorgänge — zwei Typen auseinanderzuhalten: die Abschlüsse per Kassa und die Abschlüsse per Ultimo desselben Monats.

Die regelmäßige Erscheinung ist, daß wer etwa am 10. des Monats Marknoten in Wien per Ultimo kaufen will, einen um 4 bis 8 Kreuzer höheren Preis für je 100 Mark entrichtet als bei Kassa-Abschlüssen. Umgekehrt ist es in Berlin die Regel, daß dort österreichische wie russische Banknoten per Ultimo sich etwas wohlfeiler stellen als per Kassa.

In Wien sagt man, um die höhere Bewertung des Terminpreises zu charakterisieren: Marknoten kosten Report; in Berlin kann man umgekehrt davon sprechen, daß österreichische und russische Noten einen Deport, ein Leihgeld entrichten [2]).

---

[1]) Vgl. für die Begründung dieser Erscheinung auch die Ausführungen Strucks in Schmollers Jahrbuch XIII, S. 1177. 1178.

[2]) James Moser, Die Zeitgeschäfte, Berlin 1875, S. 14 definiert gleichfalls in diesem Sinne des Wieners Börsenhandels: „Für verschiedene Lieferungstermine werden die Kurse eines und desselben Wertpapieres in einem und demselben Augenblick verschieden sein. Diese Differenz heißt Report oder Deport:

Wie erklärt sich dies?

Streng genommen liegt allerdings keine Reportierung vor. Doch setzt der Wiener Banquier demjenigen, der am 10. Januar per Ultimo Januar Noten kaufen will, von seinem Standpunkte aus ganz zweckmäßig die Sache so auseinander, als ob eine Reportierung vorläge. Er sagt nämlich: wenn ich Dir, Käufer, per Ultimo Januar Marknoten liefern soll, so muß ich dieselben zum heutigen Kassapreise mir schaffen und dann bei mir in Kost halten, bis ich sie Dir am Ultimo liefere. Diese Marknoten sind nun ein schlechter Gast für den Wiener, denn — so wird dieser weiter argumentieren — Reichsmark bringen weniger Zinsen als österreichisches Geld. Dabei betrachtet der Banquier es als selbstverständlich, daß die angekauften Marknoten vom 10. bis zum letzten Januar nicht müßig im Kasten liegen, sondern von einem deutschen Geschäftsfreund solange angelegt werden.

Umgekehrt wird der Berliner sagen: wenn ich Dir, deutscher Käufer, per Ultimo österreichische Noten liefern soll, so kann ich ohne Risiko mir dieselben heute schon anschaffen und diese Noten bis ultimo zu meinen Gunsten arbeiten lassen. Sie bringen mir aber infolge des regelmäßig in Wien um $1/2\%$ bis 1% höheren Zinsfußes im Jahre mehr ein, als wenn ich meine Markbestände in Berlin verwerte; 1% im Jahre giebt für die 20 Januartage vom 11. bis 31. einen Gewinn an Zinsdifferenz von $20/360\% = 1/18\% = 5^{1}/_{2}$ Pfennig von 100 Mark. Um diesen Betrag kann ich somit per Ultimo die Noten billiger geben als per Kassa.

Was bedeutet diese Thatsache, daß Österreich-Ungarns Zinsfuß sich meist höher als der der Goldwährungsländer stellt?

Es handelt sich hier nicht um den Hypothekarzinsfuß, der sich schon innerhalb eines nationalen Wirtschaftsgebietes nur äußerst langsam nivelliert, noch viel weniger von Land zu Land ausgleicht; es handelt sich auch nicht so sehr um den Diskontsatz für gewöhnliche Geschäftswechsel, wie solche von den Privatbanquiers und durch deren Vermittlung zum offiziellen Banksatz von den Zettelbanken genommen werden: vielmehr kommen hiefür die Differenzen im Diskontsatz für diejenigen international bekannten ersten Bankaccepte in Betracht, welche man z. B. in Wien als gleichwertig mit „Accept Kreditanstalt" schätzt.

Report, wenn der Kurs für den späteren Termin höher, Deport, wenn er niedriger ist als der Kurs für den früheren Termin." Streng wissenschaftlich ist diese auf eine bloße Begleiterscheinung basierte Definition nicht, doch für die Praxis recht bequem.

Gerade dieser Privatsatz für erstes Bankpapier (Accepte oder Giros) gleicht sich erfahrungsgemäß gegenwärtig zwischen den Börsen von Berlin, London und Paris bis auf geringfügige Verschiedenheiten aus, da hier vermittelst der mehr oder weniger rein durchgeführten Goldwährung leichteste Übertragbarkeit der Guthaben und somit ein Korrektiv gegen eine dauernde Verschiebung der Zahlungsbilanz und der Wechselkurse vorhanden ist. Wien hingegen bewahrt fast durchgehends einen höheren Privatdiskontsatz, so daß z. B. die Kreditanstalt, wenn sie Guldenwechsel mit ihrem Giro in Wien begiebt, sich im allgemeinen $1/2\%$ bis 1% mehr Diskontabzug gefallen lassen muß, als wenn sie auf Berliner Guthaben in Mark trassieren und diese Tratten in Berlin verkaufen würde.

Außer der Verschiedenheit des Privatdiskonts übt nun aber auf den Terminpreis der Marknoten die in Wien ebenfalls meist höhere Normierung der Effektenprolongationssätze ihren Einfluß. Gerade in Wien war es — vor allem unter dem früheren Börsenarrangementsystem — bei den Banken und Banquiers Sitte, mangels börsengängiger Diskonten ihre disponiblen Bestände in kurzen Reportierungen anzulegen.

Wie sehr der Devisenmarkt bei Ansetzung des Terminpreises von Marknoten im Verhältnis zu einem gegebenen Kassakurs außer der Differenz des Privatdiskontsatzes auf die Differenz der Reportsätze Rücksicht nimmt, dafür bot ein seltenes Vorkommnis bei der Ultimoregulierung September 1888 ein lehrreiches Beispiel. Am 29. September 1888 stand nämlich der Satz für Effektenprolongationen in Berlin ausnahmsweise bedeutend höher als in Wien. Sofort wurde dies von Wiener Banquiers benutzt, die in Wien Geld zu 6% p. a. aufnahmen und dasselbe zu 8%, ja 10% p. a. in Berlin ausliehen. Für diesen einen Tag war hiervon die Folge, daß in Wien Marknoten einen Deport von $1^{1}/_{2}\%$ erzielten, d. h. daß der Terminpreis sich wohlfeiler stellte als die Kassanotierung.

Was im bisherigen für Marknoten gezeigt wurde, findet analoge Anwendung für den Handel Österreich-Ungarns mit anderen Goldwerten, nur daß bei der Verwertung langer und kurzer Golddevisen noch andere komplizierende Momente, z. B. die Diskontvergütung, hinzutreten, worauf weiter einzugehen hier nicht der Ort ist.

Dagegen erübrigt es noch zu untersuchen, wie sich das außerhalb der Börse stehende sparende Publikum der großen und kleinen Kapitalisten mit den Valutamißständen abgefunden hat.

Auch hier genügt ein einziges aus der Wirklichkeit gegriffenes Beispiel, um zu illustrieren, wie wenig der österreichische Kapitalist infolge der unsicheren Währungsverhältnisse Voraussicht üben kann, bezw. wie ihn jede noch so solide Anlage zum Hazardieren drängt.

Marknoten standen am 20. Juli 1888: 61,18, am 31. Dezember 1888: 59,26[1]). Die österreichische Valuta hatte sich also um 3% verbessert.

Wie wirkt dies auf die Besitzer österreichisch-ungarischer Wertpapiere zurück?

Nehmen wir an, ein Wiener und ein Berliner Kapitalist haben sich am 20. Juli 1888 je einen Posten ungarische Goldrente und ungarische Papierrente angeschafft und sind am 31. Dezember 1888 in der Lage, diese Posten zum Tageskurs zu bilanzieren.

Der Berliner hat die ungarische Papierrente zu 73,00 gekauft. Dieselbe ist Ende 1888 78,50 wert, er hat also 7,5% vom ausgelegten Gelde gewonnen. Der Wiener hat am selben Tag die ungarische Papierrente zu 89,45 gekauft und kann dieselbe Ende 1888 zu 93,40 veräußern, hat also nur 4,4% gewonnen.

Gehen wir zur ungarischen Goldrente über. Der Berliner hat dieselbe zu 82,60 gekauft und kann sie Ende Dezember mit 86,00 bilanzieren, hat also 4% verdient; der Wiener hat das Papier zu 101,45 gekauft und erzielt Ende 1888 einen Kurs von 102,40, hat also von der Kurssteigerung nur 0,9% gewonnen.

In beiden Fällen ist somit dem Berliner die Kurssteigerung voll zu gute gekommen, während der Österreicher um 3% weniger, d. h. um soviel weniger, als sich die heimische kranke Valuta gebessert hat, gewinnt.

Wie steht es aber mit den Zinsen?

Der halbjährige Zinscoupon von der ungarischen Papierrente bringt dem Österreicher 2½ Gulden, mag die eigene Valuta sich ändern, wie sie will, dem Berliner dagegen entsprechend mehr oder weniger Mark, während im Zinsgenuß von der Goldrente der Berliner kein Risiko erleidet, der Wiener aber mit fallendem Goldagio verliert, mit steigendem gewinnt.

Für den Österreicher wie für den Ausländer bringt somit die Anlage in österreichischen Papieren der Valuta wegen sehr leicht spielartige Gewinne und Verluste, für den Österreicher speciell die Anlage in Goldrenten unter Umständen Unannehmlichkeiten, die nicht unbedenklich sind und die meisten Österreicher veranlassen, die Anlage in Papierrente zu bevorzugen.

---

[1]) Es entspricht dies einem Berliner Kurs für österreichische Noten von 163½ bezw. 168¾ Mark für 100 Gulden.

Der mit allen Feinheiten vertraute Großkapitalist kann sich durch Deckungsoperationen in Termingeschäften gegen diese Schwankungen einigermaßen sichern, der wirtschaftlich Schwächere aber, dem dies unmöglich ist, wird in den Bereich des Zufalls förmlich hereingezogen. Preisschwankungen, die außerhalb der Berechnung des ruhigen Kapitalisten, vor allem der Vormünder, Frauen und kleinen Leute liegen, treten vielfach zu jenen hinzu, die in Rücksichten auf Sicherheit des Papieres und die Marktlage begründet sind.

Es wäre wünschenswert, den Einfluß der kranken Valuta auf die verschiedenen socialen Schichten, denen noch die bereits von anderen meist sehr eingehend berücksichtigte Klasse der Beamten mit festem Gehalt hinzuzufügen wäre, nicht bloß anzudeuten, sondern durch statistische gründliche Untersuchungen dargethan zu sehen. Leider fehlt es an einer solchen Vorarbeit, wenigstens über die Vorgänge der letzten 10 Jahre, gänzlich[1]). Solche ziffermäßige Untersuchung würde nicht nur im einzelnen viel Licht bringen können, sondern auch den Gesamteindruck über die derzeitige Lage des österreichisch-ungarischen Wirtschaftslebens verstärken, den bereits jeder aufmerksamere Einblick in die dortige Praxis hervorrufen muß: daß nämlich **die notleidende Valuta eine Art chinesische Mauer um das Land gezogen hat.** Der kühne Unternehmungsgeist, die Initiative des Kapitals, wie sie in anderen Ländern durch die Konkurrenz im Weltverkehr erweckt werden, sie treten leider auf vielen Gebieten in Österreich-Ungarn nicht allzu lebendig hervor, obwohl gerade hier bei einsichtiger und rationeller Ausbeutung noch gewaltige Produktionskräfte zu erschließen wären. Der auswärtige Handel des Landes hat bei weitem noch nicht die Bedeutung erreicht, welche Österreich-Ungarn nach seinen natürlichen Hülfsquellen gebührt. Aber auch soweit Österreich-Ungarn noch in den Balkanstaaten sein wirtschaftliches Übergewicht behauptet, so wird seine Stellung selbst bei diplomatischem Erfolg gefährdet sein, solange die Unzuverlässigkeit der österreichisch-ungarischen Geldverhältnisse das Beschäftigung suchende Kapital des Auslandes gewaltsam vom Einströmen abschreckt. Gerade die einsichtigsten deutschen und französischen Kapitalisten haben, wie Verfasser Gelegenheit hatte zu beobachten, wiederholt die finanzielle Unterstützung neuer österreichischer Unternehmungen aus diesem Grunde abgelehnt;

---

1) Für die Zeit bis 1878 vgl. **Kramář** a. a. O. Die diesbezüglichen Studien von **Bela Földes** reichen ebenfalls nicht bis in die Gegenwart und wollen nur ein Versuch sein.

wo dieselbe aber gewährt wurde, sind die Erfahrungen großenteils derart gewesen, daß sie für die Zukunft genügend abschrecken werden.

Aber ebenso wie der einzelne Private und wie die gesamte Volkswirtschaft, leiden auch die staatlichen Finanzen der Doppelmonarchie schwer unter diesem Krebsschaden.

Die Steuerlast, welche der österreichische Staat seinen Bürgern auferlegt, ist fast bis auf die äußerste ertragbare Grenze getrieben, und dennoch erschien bisher Jahr für Jahr der „Fehlbetrag" im Staatshaushalt, und jedermann betrachtet es ungläubig als Ausnahme, wenn einmal ein Jahr ohne diese regelmäßige Begleiterscheinung des österreichischen Budgets vorübergeht.

Die mächtige Goldschuld Österreichs und Ungarns drückt in demselben Maße um so schwerer, je mehr sich seit der Silberentwertung die Valuta verschlechtert hat.

Trotz des Reichtums seines Bodens und der unleugbaren Begabung seiner Bewohner genießen die Finanzen Österreich-Ungarns noch lange nicht in den Goldwährungs- d. h. in den Kapitalisten-Ländern dasjenige Vertrauen, welches einem Kulturvolke von solcher Bedeutung gebührte. Ein heimlicher Zweifel daran, ob der Staat in einem unglücklichen Krieg die versprochene Verzinsung der Goldrenten weiter wird durchführen können, drückt sich darin aus, daß auch diese Werte bei jeder ernsten politischen Befürchtung, wie anfangs 1887, jäh mit den Russen, Türken und anderen Papieren sanken.

Österreich-Ungarns Aufwendungen für Kriegszwecke wachsen von Jahr zu Jahr, in anerkannt trefflicher Weise vervollkommnet sich die technische Ausbildung der Armee, gewaltige Opfer werden für das Schutz- und Trutzbündnis mit Deutschland und Italien aufgewendet.

Soll dies alles vergeblich sein?

Man muß bangen hierauf zu antworten. Denn Österreich-Ungarn hat keine Reserven zur **finanziellen Mobilmachung**, solange sein Kredit durch die jetzigen Valutaverhältnisse untergraben wird. Nur unter den drückendsten Wucherbedingungen wird es beim Kriegsausbruch an den europäischen Börsen die nötigen Summen, ohne welche alle Ausrüstung und militärische Schulung fruchtlos ist, aufbringen können.

Sollte vollends ein unglücklicher Krieg bevorstehen, so sind die finanziellen Konsequenzen kaum zu ermessen.

Solange Österreich-Ungarns Währungsverhältnisse die heutigen bleiben, ist der Dreibund nur militärisch und diplomatisch vortrefflich vorbereitet, aber

finanziell unmöglich wegen der Schwäche der Valuta Österreich-Ungarns.

Zu fordern, daß dies anders werde, haben nicht allein Deutschland und Italien als Bundesgenossen ein Interesse, sondern hier handelt es sich um Österreich-Ungarns Selbsterhaltungspflicht. Denn nur ein in jeder Hinsicht starker und unabhängiger Staat kann jederzeit seinen Einfluß in die Wagschale werfen.

Es giebt in Wien und Budapest kaum einen Fachmann, der nicht alles, was bisher geschildert und gesagt wurde, einsieht und zugeben muß. Dennoch scheut man sich vielfach, die Konsequenzen aus dieser Erkenntnis zu ziehen, und tröstet sich bisweilen mit Vorschlägen, die leider ebenso verwerflich wie naiv sind.

Man gesteht es ein, es sei sicher, daß im Kriegsfalle Österreich-Ungarn infolge der mangelhaften Valuta freiwillige Anleihen sogut wie gar nicht werde unterbringen können. Aber man brauche dies auch nicht, man könne ja entweder eine inländische Zwangsanleihe durch Zuschlag zur Einkommensteuer oder eine weitere Vermehrung des Papierumlaufes anstreben.

Das letztere Mittel würde natürlich ein für allemal den Ruin des österreichischen Staatskredites bedeuten, denn die Summe von 500 bis 600 Millionen Gulden, die sich vielleicht auf diesem Wege noch schaffen ließe, würde doch nach den bisherigen finanziellen Erfahrungen zu einem Kriege nicht ausreichen, und nunmehr würden alle verzweifeltsten Mittel erschöpft sein und nur noch der Bankrott als Ausweg übrigbleiben.

Falls aber die auch von einem namhaften deutschen Fachgelehrten prinzipiell mehrfach befürwortete Zwangsanleihe durch Zuschlag zur Einkommensteuer als Mittel der finanziellen Mobilisierung in Anwendung käme, so würde dies bei einem fein entwickelten Organismus wie die österreichisch-ungarische Volkswirtschaft, selbst wenn die Einkommensbemessung streng zuverlässig erfolgte, einen zerstörenden, ja vernichtenden Eingriff bedeuten und nicht etwa alle gleichmäßig, sondern höchst ungleichmäßig belasten. Denn während der Rentier, der vermögendere Beamte vielleicht willkommen diese Anlage seiner flüssigen Bestände, die er doch irgendwie ausleihen muß, begrüßt, würde der Geschäftsmann, dem regelmäßig in solchen kritischen Zeiten die Kredite verkürzt werden, der Landwirt, der gleichzeitig neue Lasten zu übernehmen hat und noch schwerer als der Kaufmann Kredit finden wird, gerade in dem Augenblick vorsorglich gesammelter Reserven beraubt werden, wo ihnen jedes Vermögensopfer eher möglich wäre als die Preisgabe von Barmitteln.

Kurz, beide Wege sind unbrauchbar. Bleibt nun Österreich-Ungarn keine Möglichkeit, aus den heutigen Zuständen sich herauszuarbeiten? kann das Land nicht mit seiner finanziellen Vergangenheit brechen und ebensogut, vielleicht besser, als Italien und Nordamerika zu geordneten Geldverhältnissen gelangen?

Diese Frage, deren Beantwortung der eigentliche Anlaß dieser Schrift war, glaubt der Verfasser auf Grund sorgfältiger Untersuchung und Prüfung der Verhältnisse bejahen zu können.

Weder ist es allzu zweifelhaft, welcher Weg zu ergreifen ist, noch auch ist das finanzielle Opfer, welches die Valutaregulierung erheischt, so groß, daß Österreich-Ungarn demselben nicht gewachsen wäre. Nur müssen zwei Grundsätze gelten: es dürfen dem Lande nicht mehr Lasten zugemutet werden, als zu dem Zweck, der erreicht werden soll, unumgänglich nötig ist, und es darf andererseits nichts, was als notwendiges Mittel zu diesem Zweck einmal erkannt ist, versäumt oder bloß halb durchgeführt werden. Denn eine Reform, die in der Mitte stecken bleibt, ist vergeudete Kraft.

Zweck der Währungsreform kann nicht sein, die bisher erfolgte Verschlechterung der österreichisch-ungarischen Valuta wieder gut zu machen[1]). Das, worauf es ankommt, ist vielmehr erstens einer weiteren Entwertung des Guldens auf dem Weltmarkte und damit einem Steigen des Goldagios über den jetzigen Stand hinaus vorzubeugen und zweitens die schädlichen selbst im Frieden viel zu heftigen Schwankungen des Wechselkurses zwischen Österreich-Ungarn und dem Auslande auf das zulässige Minimum zu reduzieren.

Man hat in Österreich vielfach den Fehler gemacht, die Frage der Valutareform als eine rein juristische aufzufassen, und sich darüber gestritten, ob nach den Bestimmungen des jetzigen in Österreich-Ungarn geltenden Rechts eine Verpflichtung vorliege, die Papiergulden zu einem Satze, der dem Werte von 2 Reichsmark entspricht, einzulösen. Man hat dagegen wieder von anderer Seite behauptet, der österreichische

---

1) Dieser bereits früher von Lesigang vertretenen Ansicht schließt sich jetzt auch Hertzka, Wesen des Geldes, Leipzig 1887, S. 15 an, mit dessen sonstigen Vorschlägen ich ebenfalls größtenteils übereinstimme.

Gläubiger habe nur Anspruch auf Silbergulden, also auf einen Wert von 1,38 Mark; dem Schuldner könne nicht zugemutet werden, mehr als den jetzigen Wert des seiner Zeit empfangenen Silbers zurückzugeben.

Demgegenüber muß hervorgehoben werden, daß die Wahl desjenigen Kurses, nach welchem die österreichische Papiervaluta dereinst einzulösen ist, in erster Linie nicht eine juristische, sondern eine volkswirtschaftlich-politische ist, wo man mit dem Zweckmäßigen und Möglichen zu rechnen hat. Zweckmäßig und möglich ist es aber vor allem, eine Verschiebung der jetzigen Besitz- und Schuldverhältnisse nach Kräften zu vermeiden, da aus einer Preisrevolution unverschuldeter Schaden und unverdienter Gewinn in einer vorher nicht genau zu berechnenden Weise entstehen wird und da vermieden werden muß, legitime Interessen bei dieser Gelegenheit zu verletzen. Denn nichts wäre verderblicher, als wenn zum Schluß geschädigte Gesellschaftsschichten durch ihren Einfluß bewirken würden, daß die Valutaregulierung — wenn vollendet — rückgängig gemacht wird oder — wenn nur begonnen — auf halbem Wege stehen bleibt.

Es liegt nun keineswegs im Interesse des Staats, die Landwirtschaft, welche für Österreich-Ungarn eine noch weit größere Bedeutung als selbst für Deutschland, Frankreich und England besitzt, durch die Neuerung zu schädigen. Ebensowenig darf die Industrie, nachdem sie sich nun einmal an den weitgehendsten Schutz gewöhnt hat, plötzlich desselben beraubt werden. Aus dieser Rücksicht müßte, selbst wenn nicht erhebliche finanzielle Erwägungen mitsprächen, energisch davor gewarnt werden, die Reform der Valuta zu einem günstigeren Satze als dem Durchschnittskurse des letzten Jahres durchzuführen. Es ist allerdings keine Prinzipienfrage, sondern nur nach Gesichtspunkten der Praxis zu entscheiden, auf welcher Basis die Barzahlungen aufgenommen werden sollen, doch darf, ohne eine Preis- und Schuldrevolution herbeizuführen, keinesfalls dem Gulden ein höherer Kurs am Weltmarkte als der Wert von 1,72 Mark oder ein niedrigerer Wert als 1,60 Mark gegeben werden[1]). Wenn innerhalb dieser Grenzen das Richtige herauszugreifen ist, so scheint es eher unterhalb des Wertes von 1,68 Mark als darüber zu liegen.

Jedenfalls darf die Regierung, wenn sie einmal von einem festen Programm ausgeht, nichts thun, um die Erwartungen der Börse, deren

---

[1]) Der höchste Kurs, den der österreichische Gulden in diesem Jahre behauptete, war 1,7370, was einem Wiener Marktkurse von 57,57 entspricht.

Kraft für die spätere Durchführung der Reform aufzusparen ist, übermäßig hoch zu spannen, vielmehr wird es zweckmäßig sein, bereits im voraus den in Aussicht genommenen Einlösungskurs dem Publikum mitzuteilen, weil sich sonst allzuleicht übertriebene Hoffnungen bilden.

Ein großer Vorteil, den Österreich-Ungarn hätte, wenn es den Durchschnittskurs der letzten Zeit bei der Einlösung zu Grunde legte, würde übrigens darin bestehen, daß vor allem keine materiellen Änderungen in der Zollgesetzgebung erforderlich würden. Vielmehr würde den jetzt geschützten Interessen vollkommen Genüge geschehen durch eine lediglich rechnerische Neubearbeitung des jetzigen Tarifes. Die Zölle sind jetzt prinzipiell in Goldgulden zu entrichten. Thatsächlich ist — nach jeweilig von der Regierung bekanntgegebenen Umrechnungssätzen — Zahlung in Napoleondors, Mark und Silbergulden zulässig. Um nun möglichst bald mit den alten außerhalb des Münzsystems stehenden Goldgulden aufzuräumen, wird sich die Umarbeitung des Tarifes dahin zu richten haben, daß, wie jetzt wechselnd die Silbergulden tarifiert werden, so nach Verbesserung der Valuta ein dauernder Umrechnungskurs für Ermittelung des Betrags an neuen Münzeinheiten festgesetzt wird, welcher dem bisher in Goldgulden ausgedrückten Zollbetrag entspricht.

Wohl keinesfalls wird es sich dagegen empfehlen, bei Gelegenheit der Valutaregulierung den agrarischen und industriellen Interessenten einen über das jetzige Maß hinaus verschärften Zollschutz zu versprechen, vielmehr ist, wenn überhaupt kleine materielle Änderungen unvermeidlich sind, unter den gegenwärtigen Umständen vor allem das Finanzinteresse zu berücksichtigen[1]).

Gehen wir nun zur Hauptfrage der Valutareform über: **Welches Münz- und Währungssystem soll Österreich-Ungarn wählen?**

Der Zweck soll sein, mit Anerkennung des heutigen Zustandes künftige Schwankungen des Wechselkurses möglichst zu vermeiden und damit dem Handelsverkehr mit dem Ausland und der Kapitalinvestierung jene Unsicherheit zu benehmen, welche jetzt vor allem lähmend auf die Volkswirtschaft und den Staatskredit des Landes wirkt. Infolgedessen ist es nicht an Österreich-Ungarn, Experimente bei seiner Währungs-

---

[1]) In Österreich-Ungarn liegt die Frage der Zollgesetzgebung bei der Valutareform wesentlich anders als seiner Zeit in Italien, wo die Valuta in den früheren Stand eingesetzt wurde und demgemäß zwecks Erhaltung des bisher durch die Valuta gewährten Schutzes erhebliche Zollerhöhungen zweckmäßig und unvermeidlich waren.

reform vorzunehmen, vielmehr ist als Münzeinheit dasjenige Metall zu wählen, welches nach der gegenwärtigen Marktlage allein eine feste Währungsgrundlage bieten kann, nämlich das Gold[1]).

Silberwährung, ebenso reine Doppelwährung verbietet sich in Österreichs Lage von selbst.

Dagegen ist die Frage noch offen zu lassen und nur nach Maßgabe der Verhältnisse zu beantworten, ob Österreich-Ungarn reine Goldwährung oder eine hinkende Währung anstreben soll, welche — wie die Deutschlands und Frankreichs — genügend mit Gold gesättigt sein müßte, um jederzeit für die Bedürfnisse des auswärtigen Verkehrs soviel Gold zur Ausfuhr liefern zu können, als zur Stabilisierung der Wechselkurse unentbehrlich ist.

Verhältnismäßig subaltern ist demgegenüber die Frage, wie die neue österreichisch-ungarische Währungseinheit zu benennen, welche Münzen auszuprägen sind. Ohne auf den Vorschlag besonderen Nachdruck zu legen, kann empfohlen werden, erstens der neuen Rechnungseinheit die gewohnte Benennung Gulden zu belassen und zweitens dieselbe mit einem solchen Feingehalte auszuprägen, daß der bisher eingebürgerte Umrechnungssatz von 60 Kreuzern = 1 Mark erhalten bleibt, so daß ein neues Zehnguldenstück den Goldwert von 16,6667 Mark bekommt und 5,9737 Gramm feines Gold enthält.

Nimmt man an, daß fürs erste ein Metallschatz von 600 bis 700 Millionen Gulden den Bedürfnissen Österreich-Ungarns genügt, so würde es hinreichen, wenn zwei Drittel hiervon in Gold beschafft würden. Das letzte Drittel könnte — bei Einführung der reinen Goldwährung — aus silbernen und bronzenen Scheidemünzen, die nur bis zu 20 Gulden gesetzliches Zahlungsmittel sein dürften, dafür aber durch den Gewinst bei der Prägung einen kleinen finanziellen Vorteil brächten, bestehen. Bei Einführung der hinkenden Währung dagegen würde ein größerer Teil dieses letzten Drittels aus den jetzigen Silbergulden sich zusammensetzen, die dann ein nur im Lande brauchbares, gesetzlich aber bis zu jedem Zahlungsbetrage verwendbares Surrogat von Goldmünzen wären.

Damit die neue Rechnungseinheit, der Gulden als zehnter Teil eines goldenen Zehnguldenstücks, sich schneller einbürgere, wäre das bisherige Achtguldenstück, wie bereits angedeutet, vor Beginn der Währungsreform einzuziehen.

---

1) Die gleiche Ansicht vertreten Perl, Bunzl, Lieben und neuerdings O. Haupt, ferner die „Neue freie Presse".

Was gegenüber diesen mehr untergeordneten Punkten den Gang der prinzipiell wichtigsten Maßregeln während der Währungsreform anbetrifft, so muß hier die größte Sorgfalt bewiesen und müssen die Erfahrungen anderer Länder auf das gewissenhafteste verwertet werden. Berücksichtigt man die Ergebnisse der italienischen und deutschen Währungsreform, so empfiehlt sich für Österreich-Ungarn folgendes Programm:

Österreich-Ungarn hat durch eine Anleihe eine Summe von 400 Millionen Gulden in Gold aufzubringen und damit vor allem die Einziehung der Staatsnoten zu bewirken, deren Umlauf über 312 Millionen, schon um den Diskont hoch zu halten, möglichst durch verzinsliche Salinenscheine zu ersetzen ist.

Auf die Art, wie die Einziehung der Staatsnoten bewirkt wird, kommt für den Gesamterfolg alles an. Der nächstliegende Weg, die Ausgabe des Goldes in gemünztem Zustande und die entsprechende Einziehung von Staatsnoten sofort zu beginnen, ist der am wenigsten empfehlenswerte. Vielmehr ist nach den in anderen Ländern gemachten Erfahrungen[1]) lebhaftest zu wünschen, daß alle Operationen durch die österreichisch-ungarische Bank geschehen und folgende Reihenfolge in den Operationen eingehalten werde:

Zunächst wird ein Gesetz erlassen, durch welches die Umwechselung der Staatsnoten in Noten der österreichisch-ungarischen Bank angeordnet, die Notenschuld also einheitlich gestaltet und zu einer Schuld der Bank unter staatlicher Mithaftung erklärt wird. Aufgabe der Bank ist es dann, wenn die gesamte Papierschuld nach einheitlichem Plan und mit Hülfe der Bank einlösbar gestellt wird, zu verhindern, daß das Gold in den Verkehr eindringt, ehe es in genügender Masse zu Gebote steht, und zweitens durch ihre Diskontpolitik der Gefahr eines dauernden Goldexports entgegenzuwirken. Die Bank erhält für ihr Vorgehen allgemeine Direktiven durch gleichlautende Anweisung des österreichischen und ungarischen Finanzministers oder durch einen gemeinsamen Bevollmächtigten beider. Da sie infolge der erhaltenen Direktiven — schon von dem Augenblick an, wo sie die Staatsnotenschuld auf ihre Schultern übernimmt — vielfach ihr finanzielles Interesse den staatlichen Bedürfnissen opfern muß, so wird zur Entschädigung den Aktionären vom Staate für die Dauer von 10 Jahren eine 7%ige Dividende garantiert.

---

1) Vgl. auch Lotz, Geschichte u. Kritik des deutschen Bankgesetzes, Leipzig 1888, S. 279 ff.

Die Aufnahme der zur Goldbeschaffung erforderlichen Anleihe von 400 Millionen erfolgt gleichzeitig mit der Verwandlung der Staatsnoten in Banknoten. Die Anleihe von 400 Millionen Gold reicht nicht nur hin, später sämtliche Staatsnoten, wenn deren Umlauf auf den kleinsten zulässigen Betrag (312 Millionen) beschränkt ist, bequem einzulösen, sondern gewährt Österreich-Ungarn mit dem Rest zugleich eine stattliche Goldreserve für unvorhergesehene Fälle.

Ohne weiter die Frage zu erörtern, ob die Anleihe in Gold oder künftiger österreichischer Währung verzinslich und tilgbar gestellt werden soll, sei hervorgehoben, daß die Einzahlung zweckmäßigerweise nach Wahl sowohl in Gold — wozu besonders durch Provisionen ermutigt werden könnte — wie in Papier entgegenzunehmen ist. Geschähe die ganze Einzahlung in Papier, so wäre zwar eine Tilgung der Notenschuld leicht zu bewirken, eine gleichzeitige preisstörende Kontraktion der Umlaufsmittel aber unvermeidlich. Bei Unterbringung der Valutaanleihe wird Österreich-Ungarn ohne Zweifel die Mithülfe der Wiener und ausländischen Finanzwelt in Anspruch nehmen müssen, und es würde übel angebracht sein, durch zu geringes Entgegenkommen in Kleinigkeiten bei der Abmachung mit diesen nun einmal nicht zu entbehrenden Mächten die ganze Sache scheitern zu lassen. Man bezweifelt nun vielfach, ob das Ausland wirklich das erforderliche Gold — auch wenn die Anleihe gute Abnehmer findet — hergeben wird, man erwartet vielmehr, daß bei Beginn der Operation sofort die großen Zettelbanken der Goldwährungsländer ihren Zinssatz derartig erhöhen werden, daß eine Überführung des Goldes nach Österreich unlohnend würde. So ernst diese Bedenken zu nehmen sind, so dürfen dieselben doch nicht entmutigen. Ein wenn auch kleiner Teil des für die 400 Millionen nötigen Goldes könnte den Beständen in Österreich entnommen werden[1]), der größte Teil des nötigen Goldes wäre jedoch jedenfalls durch Devisenankauf und ähnliche Operationen vom Auslande heranzuziehen. Erste Wiener Bankhäuser haben bereits von ihrer Bereitwilligkeit und Geschicklichkeit auf diesem Gebiete, wenn das Ausland ihre Mitwirkung in Anspruch nahm, Proben abgelegt. Trotzdem könnte aber die Goldbeschaffung wesentlich erleichtert werden, wenn es gelänge, von **österreichischer Seite den deutschen Reichskanzler als Chef der**

---

[1]) O. Haupt schätzt die Goldbestände des Publikums auf 10 Millionen Gulden. Die Goldbestände der österr.-ungar. Bank betrugen Ende 1888 ausschließlich der Golddevisen wie auf S. 7 Anm. 2 erwähnt wurde, 59 Millionen Gulden, wobei der Goldgulden bloß mit 8,10 Papiergulden berechnet ist.

deutschen Reichsbank für die politische Bedeutung der Maßregel zu interessieren, ihm vorzustellen, daß die finanzielle Kriegsbereitschaft Österreich-Ungarns nur dann gesichert ist, wenn die leidige Valutakalamität erledigt wird, und andererseits nachzuweisen, daß die Reichsbank ohne allzugroße Gefahr durch bereitwillige Goldherausgabe bis zu einem gewissen Betrag die Valutareform unterstützen kann. Österreich-Ungarn könnte dann vielleicht als finanzielle Gegenleistung die Zurücknahme seiner nach Deutschland ausgeführten Silberthaler in Aussicht stellen.

Überblickt man die Frage der Goldbeschaffung, so kann man wohl den Zweiflern, wie einst Lasker dem deutschen Reichstag bei der Bankdebatte, das Wort der Engländer zurufen: Wo ein Wille ist, da ist auch ein Weg vorhanden[1])!

Es ist anzunehmen, daß die Valutaregulierungsanleihe, wenn sie als Goldanleihe aufgelegt wird, zu einem Kurse begeben werden kann, der dem Staate höchstens eine $4^{1}/_{2}\%$ige Verzinsung der erhaltenen Summe auferlegt. Legen wir aber aus Vorsicht nicht diesen, sondern den ungünstigsten Fall zu Grunde, daß eine 5%ige Verzinsung, vom Emissionskurse berechnet, nötig und Tilgung durch allmähliche Heimzahlung zum Nennwert innerhalb von 40 Jahren beschlossen wird, so würden für die erhaltenen 400 Millionen Gulden jährlich $23^{1}/_{3}$ Millionen zur Verzinsung und Tilgung erforderlich sein. Der Dienst einer Anleihe, die nur $4^{1}/_{2}\%$ Zinsen kostete, würde bei ratenweiser Tilgung innerhalb 40 Jahren sogar jährlich nur $21^{3}/_{4}$ Millionen erfordern. Wenn auch die hierin liegende Mehrbelastung immerhin sehr zu beachten ist, so darf doch dieselbe — entsprechend bisherigen Gepflogenheiten auf beide Reichshälften verteilt —, wenn man die zu erzielenden Vorteile würdigt, keineswegs als allzu drückend bezeichnet werden.

Nachdem die ersten Vorbereitungen zur Valutaregulierung, die Verwandlung der Staatsnoten in Banknoten und die Anschaffung des nötigen Goldes, durchgeführt sind, ist dann der Erlös der Anleihe zur Verfügung der österreichisch-ungarischen Bank zu stellen, weil diese ohne Entgelt die Staatsnoten in Zahlung genommen bezw. gegen ihre Banknoten umgetauscht hat. Die bei der Bank eingegangenen Staatsnoten sind im Beisein staatlicher Kontrollorgane zu vernichten. Während der Dauer der Valutareform können die beiden Finanzminister durch

---

[1]) Eine treffende und gründliche Widerlegung all der gehegten Bedenken enthält das Referat von R. Lieben an die niederösterreichische Handels- und Gewerbekammer „Über die Regelung der Valuta" vom 17. Juni 1889.

übereinstimmenden Beschluß die Bank von den Beschränkungen des jetzigen Bankgesetzes von 6 zu 6 Monaten dispensieren.

Es wäre nun sehr erwünscht und naheliegend, wenn die Bank daraufhin die empfangenen Goldbestände und die eingezogenen alten Achtguldenstücke sofort in neue Zehn= und Fünfguldenstücke umprägen und schleunigst ausgeben würde. Jedoch ist aus Zweckmäßigkeitsgründen vorzuziehen, die Verausgabung der neuen Goldmünzen ja nicht zu übereilen, vielmehr zunächst die Noten mit Zwangskurs ausgestattet und gegen Münzen uneinlöslich zu belassen, dafür aber — nach dem Muster der englischen Valuatregulierung vom Jahre 1819 — zuerst mit fester Tarifierung von Goldbarren und Münzsorten zu beginnen.

Schon jetzt verkauft und kauft die österreichisch=ungarische Bank Goldmünzen und Goldbarren zu jeweils bekannt gegebenen Sätzen. Diese Sätze sind gegenwärtig schwankend, auch liegt keine Verpflichtung der Bank vor, nach diesen Sätzen Geschäfte in jedem Umfange abzuschließen. Dies müßte sich ändern, sobald der Erlös der Anleihe der Bank übergeben ist, und die Bank müßte verpflichtet werden, Goldbarren oder Goldmünzen nach dem Gewicht gegen Noten zum Preise von höchstens $1/4\%$ mehr als 1674 Gulden das Kilo fein[1]) an jedermann abzugeben und Gold gegen Noten zu einem keinesfalls ungünstigeren Preis als $1/4\%$ weniger als 1674 Gulden zu kaufen. Die Folge würde sein, daß feste wenn auch zunächst noch ziemlich weite Grenzen den Schwankungen der auswärtigen Wechselkurse damit gesteckt würden.

Angenommen die Spesen der Goldarbitrage zwischen Wien und Berlin betrügen ebenfalls $1/4\%$ und der Kurs der Reichsmark stiege nunmehr über 60,30, so würde dieser Kursstand von den Arbitrageuren durch Goldexporte, zu denen die Bank die Mittel liefern müßte, solange ausgenützt werden, bis durch die Konkurrenz der Verkäufer von Guthaben in Berlin der Kurs der Reichsmark wieder unter den Goldpunkt herabgedrückt würde; umgekehrt wird jedesmal ein Sinken des Reichsmarkkurses unter 59,70 es lohnend erscheinen lassen, Reichsmarknoten zu dem billigen Satz in Wien zu kaufen, Gold dafür aus Deutschland zu beziehen und dieses an die österreichisch=ungarische Bank zu liefern.

Es ist kein Zweifel, daß im Anfang, wo die Geschäftswelt der Neuordnung des österreichischen Geldwesens mit Mißtrauen begegnen wird, bei der ersten Preissteigerung der Devisen — mag diese nun

---

1) Bei Zugrundelegung des Einlösungskurses 1 neuer Gulden gleich 1,6667 Mark werden 1674 Gulden aus dem Kilo fein ausgebracht.

durch die Zahlungsbilanz oder politische Befürchtungen veranlaßt sein — massenhaft die Herausgabe von Gold gegen Noten verlangt werden wird, selbst in dem hier vorgesehenen Falle, daß die Bank nur Goldbarren und nicht Landesmünzen herausgiebt und den Andrang der kleinen Leute dadurch abhält.

Es wird dann weise und zweckmäßig sein, wenn die Bank bei der Herausgabe von Gold so entgegenkommend wie möglich verfährt, gleichzeitig aber in ihrer Diskontopolitik diejenigen Maßregeln ergreift, welche in anderen Ländern sich längst erprobt haben. Die österreichisch-ungarische Bank, die weit unumschränkter als die Bank von England, ja auch als die Deutsche Reichsbank den heimischen Markt beherrscht, wird durch diese Maßregeln wohl sicher einen Goldausfluß auf 100 oder höchstens 150 Millionen beschränken können, besonders da eine jähe Diskonterhöhung in Wien auch den dortigen Kurs der Wertpapiere drücken und das Ausland zu wohlfeilem Erwerbe derselben ermuntern wird.

Die bisher geschilderten Vorbereitungen zur Aufnahme der Barzahlungen: Golderwerb, Unifizierung des Papierumlaufes, Regulierung der auswärtigen Wechselkurse durch Herausgabe von Gold nach dem Gewichte zu Exportzwecken bei Forterhaltung des Annahmezwangs für Banknoten, würden höchstens ein halbes Jahr in Anspruch nehmen.

Nunmehr könnte die Prägung der neuen Goldmünzen eingeleitet und dann, nachdem die auswärtigen Wechselkurse eine gewisse Festigkeit erlangt und Inland wie Ausland sich gewöhnt haben, die österreichischen Papierzettel als Repräsentanten von Gold zu behandeln, mit der Ausgabe der neugeprägten Goldmünzen begonnen werden. Mit dem Fortschreiten der Reform muß die Bank ihren Goldankaufspreis allmählich erhöhen und den Satz, zu dem sie Gold herausgiebt, soweit herabsetzen, daß die Differenz von $1/2 \%$ auf $1/5 \%$ sich verringert[1]. Nachdem so der Spielraum für die Kursschwankungen immer mehr beschränkt worden ist, müssen die Verkaufspreise der Bank für Barrengold und fremde Goldmünzen nach dem Gewicht womöglich immer noch so gestellt werden, daß der Arbitrageur beim Goldexport es um $1/10$ oder $1/5 \%_{00}$ lohnender findet, von der Bank ungeprägtes Gold als aus der Cirkulation oder aus der Bank nationale Goldmünzen zu entnehmen.

Ein Jahr nach Einleitung der ersten Schritte könnte demnach

---

[1] Dagegen kann ich dem von R. Lieben a. a. O. gemachten Vorschlag einer allmählichen Goldbeschaffung und allmählichen Noteneinlösung durch Goldmünzen nicht unbedingt zustimmen.

Österreich-Ungarn im Besitze einer vollwertigen stabilen Valuta sein. Neben den neuen Goldmünzen, der Scheidemünze und — falls dieselben erhalten bleiben — neben den Silbergulden könnten Banknoten, welche zu $^2/_5$ in Gold und Golddevisen, für den Rest in kurzen Diskonten gedeckt und nach den jetzigen Grundsätzen über ein Kontingent hinaus mit 5% zu versteuern sind, ruhig weiter umlaufen, und denselben kann nach dem Beispiel Frankreichs und Englands unbedenklich die Eigenschaft des gesetzlichen Zahlungsmittels neben Gold erhalten bleiben.

Dagegen müßten alle möglichen Garantieen geschaffen werden, daß man nicht je wieder zur verderblichen Ausgabe von Staatsnoten zurückkehrte, deren Mangel nicht so sehr in technischen Fehlern als in dem psychologischen Moment liegt, daß dies Finanzmittel bequem einzuführen, aber sehr unbequem abzuschaffen ist und daher nur allzuleicht als dauernder Mißbrauch sich von neuem einnistet.

Ob gesetzliche Garantieen die Wiederausgabe von Staatspapiergeld in Österreich-Ungarn unbedingt verhindern werden, ist schwer zu sagen, da solche Hindernisse auf gesetzgeberischem Wege sich wieder beseitigen lassen. Vielmehr liegt hier vor allem eine Aufgabe der aufklärenden Wissenschaft vor. Zeigt doch das Beispiel anderer Länder, welche Rührigkeit auch in währungspolitischen Fragen die Agitation zu entfalten vermag, selbst wenn die Sache, welche sie verteidigt, nicht allseitig gebilligt wird. Wieviel mehr Erfolg wird erst den Vertretern einer wissenschaftlich unanfechtbaren Anschauung zur Seite stehen, wenn sie mindestens gleiches Geschick und gleichen Eifer entfalten. Ist erst einmal die öffentliche Meinung durch richtige wissenschaftliche Überzeugungen über die Schädlichkeit gerade des staatlichen Papiergeldes aufgeklärt, dann bildet sie den besten Rückhalt gegen alle Versuche, die Grundlagen der Geldordnung anzutasten.

Welche Folgen wird nun die Valutaherstellung für Österreich-Ungarn haben? Dies ist eine Frage, die mit den Hülfsmitteln der Wissenschaft nur unvollkommen beantwortet werden kann. Es ist möglich, überzeugend zu beweisen, welche Schäden aus dem jetzigen Gang der Dinge erwachsen sind, ferner daß alle Versuche, sich gegen diese schädlichen Einflüsse zu sichern, nur geringen Erfolg gehabt haben; es ist aber nicht in gleicher Weise möglich, im voraus zu ermessen, ob die jetzige Generation Österreich-Ungarns, welche nie bisher die Vorteile einer rein metallischen Währung genossen hat, Schaffenskraft und Unternehmungslust genug entfalten wird, um dann, wenn die bisherige beengende Schranke gefallen ist, sich aufzuraffen und die

Vorteile voll auszunutzen, welche nach vollendeter Valutareform sich für die gesamte Volkswirtschaft, für die Finanzen und die politische Stellung Österreich-Ungarns ergeben werden. Die Stellung zur Zukunft Österreich-Ungarns ist nicht bloß eine Frage des Wissens und Erkennens, sondern des Vertrauens und wirtschaftspolitischen Taktes.

Doch trotzdem das Prophezeihen sehr undankbar ist, kann man eines mit Gewißheit voraussagen, daß die Zahl der von der Währungsreform Geschädigten nur sehr gering sein und nur aus denen bestehen wird, welche aus dem jetzigen Zustand die Möglichkeit gewannen, eine veraltete Produktionsmethode fortzuführen. Dagegen werden alle wirtschaftlich leistungsfähigeren Elemente durch den gemäßigten Wettbewerb, der den Fremden nunmehr auf verschiedenen Gebieten möglich sein wird, zu neuen Verbesserungen sich anspornen lassen.

Erfüllen sich die Hoffnungen, die man in die Wirkungen der Valutareform, ohne sanguinisch zu sein, setzen darf, so wird vor allem der auswärtige Handel in nicht allzulanger Zeit sich erheblich vergrößern und dadurch befruchtend auf das gesamte Wirtschaftsleben zurückwirken. Die jetzige Möglichkeit sich zu decken ist zwar sinnreich, aber nicht ausreichend für die wichtigsten Fälle und zu kostspielig. Das Wesen des kaufmännischen Zusammenarbeitens liegt in der Stetigkeit, im Gewinnen und Fortführen dauernder Geschäftsverbindungen. Der jetzige Zustand aber giebt nur die Möglichkeit, sich nach Abschluß eines Kontrakts bis zur Erfüllung desselben im einzelnen Falle und selten ohne Kosten zu sichern, wogegen eine dauernde Vereinbarung über Geschäftsgrundsätze, Preishöhe, feste Tarifierung für längere Fristen aufs äußerste jetzt erschwert ist, da vorherige Deckung ohne die sichere Gewähr für die Höhe der zukünftigen Umsätze leichtsinnige Spekulation wäre.

Was aber die exportierende Landwirtschaft und Industrie anbetrifft, so bleibt ihr der aus der bisherigen Verschlechterung der Valuta erwachsene Schutz gesichert, ferner ist sie vor der Unannehmlichkeit geborgen, daß ihr in einem exportreichen Jahre wie 1888 die Börse durch vorheriges Escomptieren der Exportwirkungen die Vorteile des ungünstigen Valutastandes vorwegnimmt.

In welch hohem Maße aber das Ausland zur Kapitalanlage in Österreich und, wenn das Vertrauen zum dortigen Rechtsschutz für den Ausländer größer würde, auch in Ungarn sich bereit finden wird, das lehrt die Anschauung täglich. Deutschland wendet seine ersparten Überschüsse jetzt der Unterstützung transatlantischer Unternehmungen zu, jede Gelegenheit, aus einem leidlich sicheren Papiere noch 4 bis 4½ %

Zinsen zu erlangen, wird vom deutschen Kapitalisten mit Freude begrüßt: wieviel mehr würde die Anlage in nächster Nähe des Deutschen Reichs aufgesucht werden, nicht allein wo es sich um Neubegründung von Unternehmungen handelt, sondern besonders auch, wo bestehenden Betrieben vermehrte Mittel zugeführt werden müssen. Es wird sich sogar in Österreich-Ungarn höchst wahrscheinlich sowohl in hypothekarischen wie in anderen Darlehen durch den vermehrten Wettbewerb nach durchgeführter Valutareform ein Sinken des Zinsfußes um $1/2$ bis 1% anbahnen, und bei der großen Rolle, welche der Kredit in Landwirtschaft und Industrie heutzutage spielt, würde eine Verringerung der Produktionskosten durch billigere Kreditbeschaffung sehr erheblich ins Gewicht fallen.

So erfreulich diese Aussichten sind, so ließe sich doch auch ein Bedenken erheben: Wie sind bei der Valutareform die früher eingegangenen Gold- und Silberverbindlichkeiten zu behandeln? — eine Frage, die ebensosehr für den Staat als für Private, vor allem für Grundbesitzer große Bedeutung hat. Prinzip muß hier sein, daß der Schuldner keinesfalls eine in alten Goldgulden eingegangene Schuld mit einer gleichen Anzahl neuer Goldgulden abzahlen kann, sondern daß ein für allemal gesetzlich ein fester Umrechnungssatz für ältere Goldschulden proklamiert wird, der sich leicht daraus ergiebt, daß alte Goldgulden für 2,025 Mark, dagegen die neuen Goldgulden — bei Zugrundelegung des vorgeschlagenen Einlösungskurses — für $1^{2}/_{3}$ Mark Gold enthalten.

Dagegen müssen Schuldforderungen, die auf Silber lauten, nach Durchführung der Währungsreform ebenso wie Papierschulden mit denselben Nennwerten der neuen auf Gold basierten Währung bezahlt und getilgt werden.

Wenn infolgedessen derjenige Schuldner, welcher 1871 eine Silberschuld einging, um ungefähr 17% besser wegkommt als derjenige, welcher damals eine Goldschuld kontrahiert hat, so ist hierfür nicht der Gesetzgeber und die Valutareform verantwortlich zu machen, da die Silberentwertung auch ohne Valutareform nicht minder nachdrücklich sich geltend machen würde. Doch könnte vielleicht der Staat durch Stempelerlaß bei Konversion älterer Goldschulden u. dgl. die Grundbesitzer, welche hierzu sich das Recht gewahrt haben, etwas unterstützen.

Der Staat selbst wird, wenn die Durchführung der Valutaoperation gelingt, sicher ebenfalls durch Ausnutzung des dann zu erwartenden Steigens der österreichischen und ungarischen Rentenkurse beträchtliche Zinsersparungen machen und vor allem künftige Anleihen zu günstigeren Bedingungen abschließen können. Auch bei Kriegsausbruch wird der Staat die notwendigen Mittel durch Anleihen erlangen, wenn er den Gläubigern die Garantie geben kann, daß in solchem Fall sicher nicht wieder zur Ausgabe von Staatsnoten zurückgegriffen wird.

Es muß jedem einzelnen überlassen bleiben, weiter die Konsequenzen auszudenken, welche aus der Wiederherstellung einer festen metallischen Währung und der dadurch bedingten finanziellen Wiedergeburt des Landes für die Steuerpolitik, für den Plan des deutschösterreichischen Handelsbündnisses sich ergeben. Scheiterte doch letzteres nicht am wenigsten an Österreichs heutigem Währungszustande!

Jedenfalls aber möge jeder Österreicher und jeder Ungar, der es mit seinem Vaterlande gut meint, das Seinige dazu beitragen, daß schleunig und energisch die erste günstige Gelegenheit zur Vornahme der Valutareform benutzt werde. Dabei darf sich die öffentliche Kritik nicht in Bemängelung von unwesentlichen Einzelheiten verlieren, vielmehr muß sie sich darauf beschränken, über gewissenhafte Einhaltung der prinzipiellen Grundsätze zu wachen und fortgesetzt das Publikum über die Wichtigkeit derselben aufzuklären.

Rekapitulieren wir diese prinzipiell wichtigsten Punkte, an denen unter allen Umständen festgehalten werden muß, so sind es folgende drei:

1. Die Staatsnoten sind zu beseitigen, als Papiergeld nur noch Banknoten zu verwenden. Die Währungsreform hat durch die Bank zu erfolgen.

2. Die Basis der künftigen Währung muß Gold sein, mit der Ausgabe der neuen Goldmünzen darf aber erst nach erfolgter Stabilisierung der auswärtigen Wechselkurse begonnen werden.

3. Der Einlösungskurs für die Noten ist so anzusetzen, daß möglichst eine Revolution der jetzigen Preisgestaltung und der gegenwärtigen Schuldverhältnisse vermieden wird.

Wird in diesem Sinne gehandelt und gestalten sich die Währungs- und Finanzverhältnisse Österreich-Ungarns endlich würdig seiner Stellung als europäische Großmacht, dann wird mit der Valutaregulierung eine neue Ära für die wirtschaftliche und politische Entwicklung der Doppelmonarchie beginnen.

Möge es der jetzigen Generation vergönnt sein, diese neue Zeit mit zu erleben!

Printed by Libri Plureos GmbH
in Hamburg, Germany